KB250887

The 28 Business Bibles

ARASUJI DE YOMU SEKAI NO BUSINESSMEICHO

by GLOBAL TASKFORCE K.K

Copyright © 2004 by GLOBAL TASKFORCE K.K All rights reserved.
Originally Japanese edition published by SOGO HOREI PUBLISHING CO.,LTD.
Korean translation rights arranged with SOGO HOREI PUBLISHING CO.,LTD.
Korean translation copyright© 2004 by EINBAUM/NAMUHANGURU

이 책의 한국어판 저작권은 나무한그루가 소유합니다. 신 저작권법에 의하여 한국 내에서
보호를 받는 저작물이므로 무단전제와 무단복제를 금합니다.

The 28 Business Bibles

핵심으로 읽는 세계의 비즈니스 명저

글로벌 태스크포스(주) 편저

나무한그루

하루에도 수십 권 이상 출간되는 경영학 서적 중 어떤 책을 읽어야 하는가? 'The 28 Business Bibles'는 독자의 이런 고민을 해결해 주고 있다. 이 책은 현대 경영학의 틀을 바꿔 놓은 28권의 경영학 서적을 한 권으로 묶었다.

— 서울대학교 경영대학 김 병도 교수

이 책에는 기업경영에서 해결해야 하는 과제들이 체계적으로 잘 정리되어 있다. 따라서 자신과 조직의 가치를 높이려고 노력하는 식장인들에게 많은 시사점을 줄 것이다. 관리자에게는 체계적인 시야와 통찰력을 배양하는 지침서로, 현장의 실무자에게는 문제해결을 위한 안내서로서의 역할을 기대한다.

— ㈜신세계 대표이사 구 학서 사장

바쁘게 살아가는 현대인들이 짧은 시간에 핵심적인 경영 이론들을 개관할 수 있도록 기업경영 분야의 명저들을 요약 정리한 책이다. 이 책은 엄밀한 논리 전개에 초점을 맞춘 이론서가 아니라 경영학 분야 전체를 조감할 수 있는 지도라 할 것이다. 좁고 깊은 지식 보다는 큰 그림을 찾는 독자들에게, 수없이 많은 경영 분야 서적 중 어떤 책을 읽을 것인지 고민하는 독자들에게 적절하다.

— 서울대학교 경영대학 최 혁 교수

이 책의 독특한 구성과 편집이 눈에 띈다. 비즈니스와 관련된 서적의 홍수 속에서 내용에 대한 검증없이 책을 읽다 보면 흥미가 떨어지고 후회도 생기게 마련인데, 이 책은 이러한 문제에 대한 해답을 제시한다. 제한된 시간을 효율적으로 활용해서 최대의 효과를 얻을 수 있는 신선한 접근 방법이다.

또한 이 책은 경영자라면 꼭 읽어야 할 명저를 7개 분야로 분류하여 제시함으로써 독자들이 균형있는 지식을 습득하는데 도움을 준다. 이 책을 가이드로 삼아 자신에게 꼭 필요한 각 분야의 대표 서적을 1권씩 골라 숙독하는 것도 좋은 방법이라고 생각한다

- 삼성SDS(주) 대표이사 김 인 사장

성공적인 조직관리를 위해 경영자는 핵심인재를 육성하고 지속적인 조직혁신을 주도해야만 한다. 이러한 현대 경영의 요구에 비추어 볼 때, 본서의 가장 큰 장점은 사람과 조직의 효율적 관리를 위한 필독서를 읽기 쉽게 제시하고 있다는 점이다.

전략적 인사관리, 혁신의 리더십, 지식경영, 조직문화 관리 등 기업의 성공을 위해 필수적인 인사 · 조직 관련 서적을 이처럼 한 권의 책에 잘 요약하여 정리한 책은 아마도 없을 것이다. 적극 추천하는 바이다.

- 서울대학교 경영대학 김 성수 교수

　이 책의 가장 중요한 부분은 아마도 ‘머리말’과 ‘대상 독자별 독서 가이드’라고 해야 할 것 같다. 왜냐하면 본서에서 언급된 저서들을 독자들이 ‘어떻게’ 읽어야 할지, 그리고 ‘어떻게’ 활용해야 할 지를 구체적으로 언급하고 있기 때문이다.

　이 책의 독자들이 소개된 책들을 직접 읽어보고, 사고해 볼 수 있기를 바라며, 그렇게 된다면 이 책은 소기의 목적을 달성했다고 할 수 있을 것이다.

– 성균관대학교 SKK GSB　배 수일 교수

　좋은 책은 한때 읽히고 잊혀지는 유행서적과는 다르다. 그 속에 항상 변하지 않는 진리를 담고 있기에 ‘명저’라고 불리운다. 일상 속에서 너무 복잡하고 혼란스러울 때는 원점으로 돌아가 생각해야 하듯이, 경영의 세계에서도 문제해결을 위한 원점회귀가 필요하다.

　이 책에서 소개하는 명저들은 현재와 미래의 경영전략을 원점에서 짚어 볼 수 있는 기회를 제공해 줄 것이다.

– 삼성경제연구소　류 한호 상무

21세기 글로벌 무한경쟁시대에서 기업의 방향을 설정하는 전략경영의 중요성은 그 어느 때보다도 높아져 있다. 본서에서는 경영전략 분야에서 7권을 선정하여 간단히 소개를 하고 있는데, 무엇보다도 소개된 책의 선정이 아주 잘 되어 있어서 경영전략 분야의 대표적인 명저들이 엄선되었다.

전략경영에 관심이 있는 경영자들이나 관리자들이 이 7권의 책을 다 읽을 수 있다면 최선이겠지만, 이 책에서 제공하는 정보에 의거하여 우선순위를 정하여 자신에게 꼭 필요한 책 2~3권만 읽을 수 있어도 전략적 사고 강화에 큰 도움이 될 것이다.

더 나아가 전략의 기반을 형성하는 기술경영, 기업가 정신, HR, 조직, 마케팅, 재무, 회계 분야의 대표적인 명저들도 소개가 되어 있어서 본서를 통해 내용을 파악한 후 자신에게 꼭 필요한 책들을 골라서 숙독한다면 21세기 글로벌 무한경쟁시대, 지식기반경제 시대에 필수적으로 요청되는 경영자로서의 자질 함양에 크게 도움이 될 것으로 확신한다.

– 서울대학교 경영대학　송 재용 교수 –

●왜 핵심내용으로 읽는 세계의 비즈니스 명저인가?

서점에 가면 매월 엄청난 수의 비즈니스 관련 서적이 새로 출판되어 여기저기에 쌓여 있는 것을 볼 수 있다. 그 테마도 평사원을 위한 입문서부터 테크닉 중심의 노하우서적, 대학의 교수들이 읽을 만한 전문서까지 참으로 다양하다. 책 제목에 이끌려 사 보기도 하지만 일부를 제외하고는 내용이 없거나 새로운 메시지가 없는 등, 참으로 옥석(玉石)이 혼합되어 있는 세계라 할 수 있는 상황이다. 이런 상황 속에서도 반세기 이상 세계의 독자들에게 사랑받는 '필독서'들이 있다. 게다가 같은 저자의 책이라도 '대표작'으로 불리며 계속 읽혀지는 책이 있다. 그 이유는 무엇일까? 그리고 다른 유행 서적과 무엇이 결정적으로 다를까? 이 책을 출판한 계기는 그러한 의문을 해결하기 위해서다.

현장에서 고군분투하고 있는 비즈니스맨들은 서적의 홍수에 휩쓸리기 쉽다. 그래서 우리는 그들에게 경영 분야의 바이블이라 할 수 있는 책들을 소개하기 위해 본서를 집필했다. 이 책에서 소개하는 28권의 책은 하나같이 그 내용의 질이나 균형감각 면에서 해당분야 최고의 책이라고 할 수 있는 것들이다. 우리가 소개한 책들 가운데 한 권을 읽으면 틀림없이 유행 서적 백 권을 읽는 것보다 많은 것을 얻을 수 있을 것이다. 하지만 한 번 읽는 것만으로는 그 책에 담겨있는 메시지를 제대로 이해할 수 없을 것이다. 각 분야의 바이블 한 권을 적어도 다섯 번은 반복해서 읽어야 단순한 사실이나 이론의 이해에 그치지 않고, 본문에 적혀 있지 않은 것에 대해서도 깨닫게 되는 등 좀더 많은 수확을 얻게 될 것이다.

● 이론적인 책은 현실적이지 못한가?

독자들 중에는 '대학에서 MBA코스를 가르치는 저명한 교수가 쓴 책이어서 너무 어렵다' 든지 '400페이지를 넘는 분량을 어떻게 이해할 수 있느냐' 는 등, 선입관을 가진 사람도 많이 있을 것이다. 하지만 유감스럽게도 그것은 잘못된 생각이다.

이 책에서 소개하는 책들이 바이블로 일컬어지는 이유는 '주장이 체계적이고 근거가 명확하며 그것을 뒷받침하기 위한 사례가 풍부' 하기 때문이다. 그런 이유로 책이 두꺼운 경우가 많다. 즉, 전체 페이지 수가 400페이지를 넘는다고 하더라도 핵심이론이나 발견, 혹은 주장을 입증하는 페이지는 10페이지에 불과하다. 나머지 390페이지는 사례를 곁들여 이론을 자세히 설명하는 내용으로 구성되어 있다.

이론서에 불만을 가진 사람들은 이밖에도 다음과 같은 불평을 늘어놓는다. '이론은 알겠지만, 이 책에는 그 이론을 어떻게 적용해야 하는지에 대한 설명이 없다' 는 비판이 바로 그것이다. 하지만 그런 문제의 반 정도는 많은 페이지를 할애하고 있는 '사례' 를 이해함으로써 해결될 수 있다. 즉, 기본적인 이론과 그것을 입증하기 위해 기술한 몇 가지 사례에 견주어 생각하면 자신이 처한 상황에 응용할 수 있다. 그리고 나머지 문제에 대한 답은 존재하지 않는다. 즉, 수많은 '실무서(實務書)' 로 불리는 책들은 어떤 기본적인 설정에 의거해 정도(精度)를 포기하면서 이론을 도표화(圖表化) 한다든지, 이론적인 근거나 체계적인 관점을 포기하는 대신에 중요한 이론만 서술하고 있기 때문이다. '책에 나온 내용대로 당장 적용할 수 있는 답이나 도표' 따위는 애당초 존재하지 않는다.

●그러면 어떤 이론서를 활용해야 할까?

또 이 책에서 소개하는 많은 바이블은 어떻게 활용해야 할까? 이 책에서는 바바라 민토(Barbara Minto)가 저술한 《논리의 기술(PYRAMID PRINCIPLE)》과 같은 이론적 사고의 대표작을 소개하고 있다. 마케팅이나 전략과 같은 각론에 들어가기 전에 이 이론적 사고나 개념화 사고와 같이 컴퓨터의 CPU(중앙연산처리장치)에 해당하는 '사고하는 힘'을 조속히 연마할 필요가 있다. 실제로 그런 능력을 배양하려면 단지 책을 읽는 것만으로는 부족하며, 일상의 사사로운 의사결정을 모두 트레이닝이라고 생각하고 실천해 갈 필요가 있다. 똑같은 것을 배워도 그것을 실무에 활용할 수 있는 사람과 그렇지 못한 사람의 차이는 바로 여기에 있다. 소위 '능력 있는 사람'이란 어떤 이론을 배워서 여러 가지 전제에 적용할 수 있는 능력이 있는 사람이다. 그리고 주변에서 일어나고 있는 많은 사실이나 발견을 추상화하여 '보편적으로 적용할 수 있는 이론'과 '조금 수정해야 할 조건'을 구분해서 실무에 적용할 수 있는 사람이 바로 능력 있는 사람이다.

예를 들면 우수한 경영자와 종업원 그리고 풍부한 자본과 브랜드, 제품력, 이 모든 것을 보유하고 있으면 대개는 성공한다는 이론(법칙)이 있다고 하자. 하지만 이런 조건을 다 갖추어도 현실에서는 성공하지 못하는 경우가 많다. 그 원인은 무엇일까? 이 물음에 대한 답을 하나 혹은 두 개 밖에 들 수 없다면 그 사람은 사고력이 부족하다고 할 수 있다. 이 물음에 대한 답은 무수히 많다. 높은 이직률, 권한위임의 결여, 경쟁회사의 합병, 부패 등 열거하다 보면 끝이 없다.

그러나 이러한 것들을 나쁜 결과로 이끄는 절대적인 요인으로 단정 지을 수는 없다. 즉, 상황에 따라서는 반대로 이러한 것들이 좋은 결과를 가져올 수도 있다. 아르바이트나 파트타이머를 많이 활용하고 현장의 원가관리가 회사 이익구조의 핵심일 경우는, 이직률이 높아도 상시적으로 젊은 주니어 스태프를 채용함으로써 경쟁력을 유지할 수 있다. 한편 해당 스태프간의 능력차이가 커서 표준화를 해야할 임무나 작업에 대해서는 권한위양의 범위를 줄임으로써 효율성을 높일 수도 있다. 또한 경쟁회사들의 합병은 또 다른 리더기업이 자사에 합병을 제의하게끔 작용하는 경우도 있다. 즉, 어떤 상황 아래에서 통용되는 하나의 법칙이 상황이 달라지면 완전히 반대의 법칙으로 작용하는 것처럼 보이는 경우가 있다.

그런데 여기서 '것처럼 보이는 경우가 있다'라는 말은 실제로는 그렇지 않다는 것을 의미한다. 다시 말하면 경영 의사결정을 할 때, 정보가 부족했기 때문에 그 법칙이 잘못된 것처럼 느껴지는 것이다. 즉, 그 법칙이 성립되는 전제조건에 대해서 사고하는 능력이 부족했다고 할 수 있다.

해외의 주요 비즈니스 스쿨에서 다루는 사례연구에 정답이 없는 것처럼 이론을 암기하는 것보다 몇백 배 더 중요한 것은 여러 상황을 상정하고 토론해서 불확실한 미래에 대비해 몇 가지 방향성을 설정해 두는 것이다. '능력 없는 사람'은 '답이 없는 이론은 의미가 없다'고 여겨 책에 적힌 대로만 실행하고 '자신의 머리 속에서 시뮬레이션해서 사고'하는 노력 없이, 안이하게 서적(도표화된 책)을 사 모은다. 그리고 대부분의 사람들은 실패한 원인에 대해서 생각해 보지 않고 계속해서 다른 서적을 읽으려고 한다. 이론서(理論書)는 자신의 머리를 사용하지 않는 한 '의미 없는 이론서'가 되고 만다. 그러나 그 의미에 대해서 부단히 고민하고 되새기면 '어떠한 상황(조건)에서도 의미가 있는 실천서(實踐書)'로 재탄생한다.

독자 여러분도 이 책을 통해 바이블의 세계를 접할 때 사실이나 주장, 그리고 이론의 이해에만 그치지 말고 여러 가지 전제조건이나 상황을 바꿔가며 여러분 나름대로의 발견이나 주장을 할 수 있도록 사고력 트레이닝을 겸해서 읽어나가기 바란다.

여기서 소개하는 28권의 세계의 비즈니스 명저나 저자의 메시지를 모두 이 책 한 권으로 파악하는 것은 불가능하다. 이 책은 어디까지나 세계의 경영서 중 바이블로 여겨지는 28권의 개요와 그 책들을 독자 나름대로 해석할 때 힌트가 될만한 몇 가지 관점을 제공하는 가이드 북에 지나지 않는다. 이 28권의 바이블에는 감동할 정도로 많은 연구에 근거한 기술(記述)과 상세한 사례, 그리고 그것을 바탕으로 한 뜻 깊은 메시지가 담겨 있다. 독자 여러분은 저자의 의도를 제대로 이해하고 실천하기 위해서라도 꼭 이러한 바이블의 원저(原著)도 접해보길 바란다.

마지막으로 이 책의 성격상, 불가피하게 용어 하나하나마다 주석을 달지 못한 것에 대해서는 부디 양해를 바란다.

아울러 이 책의 출판에 있어서 귀중한 조언을 해 주신 총합법령출판의 대표이사인 니베 도오루(仁部亨) 씨, 다케시타 유지(竹下祐治) 씨, 다도코로 요이치(田所陽一) 씨께 감사드린다.

2004년 6월

글로벌 태스크포스 주식회사

이 책은 크게 여섯 가지의 관점에서 각 바이블을 분석·구성하고 그 개요를 정리하고 있다.

수 백 페이지에 달하는 각 바이블을 여섯 페이지로 축약했기 때문에 당연히 원저에서 볼 수 있는 상세하고 구체적인 사례와 상황설정을 포함한 세세한 설명은 생략되어 있다. 이 책의 목적은 각 바이블을 보완하기 위한 가이드로서 사전에 그러한 책들의 방향성이나 해당 서적의 메시지를 개략적으로 파악하는 것을 돕는 데 있기 때문이다.

우선 [①키워드]에서 해당 서적의 이론이나 주장과 관련된 영역을 이미지화 하고, [②바이블 속성]에서 각 매니지먼트 영역과의 관계, 대상독자층, 그리고 광범위한 논의인지 제한된 범위를 깊이 파고드는 논의인지를 파악한다. 또 [③1분 해설]에서는 왜 이 책이 바이블로 인정받고 있는지 그 계기를 포함한 배경을, [④요지]에서는 저자의 주요 메시지를 파악하고, [⑤독서 메모]에서는 메시지를 입증하는 대표적인 사례나 숫자 등 개별적인 발견, 주장, 분석 등을 참조해서 수 백 페이지에 이르는 각 바이블의 내용에 관한 이해를 돕는다. 마지막으로 [⑥체계도(體系圖)]에서는 목차만으로는 알 수 없는 각 장에 소개한 여러 이론의 연관성과 내용의 전체적인 흐름, 메시지 등을 트리(Tree)로 도표화해서 매니지먼트를 학습하는 데 가장 중요한 체계적인 시야와 통찰력을 배양하도록 돕고 있다.

사실이나 주장, 이론의 이해에만 그치지 말고 여러 가지 전제조건이나 상황을 바꿔가며 여러분 나름으로 발견이나 주장을 할 수 있도록 사고력을 단련한다고 생각하며 읽어나가기 바란다.

　이 책의 권장 대상은 비즈니스맨에게 필요한 매니지먼트 영역의 폭과 깊이에 따라 크게 평사원, 중간 관리자, 상급 관리자의 세 그룹으로 분류하고 있다. 이 분류는 여기서 소개하는 책들을 학습하기 위한 최적의 단계를 의미한다.

①평사원

　이 그룹은 취업을 목전에 둔 대학생이나 신입사원, 그리고 입사한 지 3~5년 정도 된 젊은 사원들이다. 이 그룹을 위해서 전반적인 매니지먼트를 이해하는 데 도움이 되는 드러커의 《현대의 경영》과 논리적 사고력을 배울 수 있는 바바라 민토의 《논리의 기술》이라는 두 권의 책을 소개하고 있다.

②중간 관리자

　이 그룹은 소위 대리에서 과장까지의 매니저층을 말한다. 이 그룹의 사람들은 부하를 관리하고 팀을 이끌어가기 위한 기초 지식을 배양해야 한다. 그러므로 기업의 전반적인 관리(드러커 저 《현대의 경영》)와, 다른 사람과의 커뮤니케이션, 제안, 의사결정 등의 기초가 되는 논리적 사고력(바바라 민토 저 《논리의 기술》), 경영에 필요한 3가지 자원인 '돈·물건·사람'에 관한 5가지 필수영역과 그 자원들의 배분과 방향성을 정하는 전략 등에 관한 원서를 독파하기를 권장한다.

　이러한 체계서(體系書)는 어렵다고 생각하는 사람이 있다. 그러나 많은 MBA 1년차 과정에서 이러한 책들을 읽는 학생들의 평균 연령은 28세 전후에 불과하다. 더욱이 유명 비즈니스스쿨에서는 MBA과정에 입학하는 지원자들에게 경영과 관련한 지식을 요구하고 있지 않기 때문에(논리적 사고 등 사고능력은 필수) 대부분 28세 전후에 처음으로 재무나 회계 등에 관해 체계적으로 배우고 있는 셈이다.

따라서 이러한 것들은 컴퓨터나 영어와 마찬가지로 최소한 익혀 두어야 할 지식(스킬)으로 여기며, 이에 대한 체계적인 지식과 응용을 위한 기초를 이 단계에서 구축하기 바란다.

③ 상급 관리자

이 그룹은 부장 이상(시니어 매니저~임원)의 매니지먼트 층이다. 이 그룹의 사람들에게는 평사원이 익혀야 할 제너럴 매니지먼트나 논리적 사고, 중간 관리자들이 익혀야 할 경영의 각 영역에 관한 바이블과 함께, 경영의 각 영역을 더욱 세분화해서 개별 연구나 조사를 중심으로 발견 혹은 주장을 제시하는 서적을 권장한다.

이 그룹을 대상으로 하는 서적 중에는 중간 관리자를 위한 서적보다도 더 읽기 쉬운 책(체계서가 아닌 연구에 근거한 발견을 중심으로 한 읽을거리)이 몇 권 있다. 이 말은 곧, 중간 관리자를 위한 책들이 훨씬 종합적이고 내용이 알차다는 말이다. 굳이 독서 대상을 정해 그에 맞는 책을 소개하는 것은, 매니지먼트의 각 영역에 관해 좀더 세분화된 연구나 재미있는 사례를 중심으로 흥미 있는 논의를 하기 전에, 비록 재미는 덜하지만 지위와 단계에 따라 체계적인 대표작을 독파하는 것이 중요하다고 생각했기 때문이다.

따라서 우선 기초가 되는 매니지먼트의 각 영역을 제대로 이해한 후에 개별 전략을 파악하기 위해 본서에서 소개하는 상급 관리자를 위한 서적을 읽는다면 그 이해도와 현장에서의 응용력은 훨씬 높아질 것이다.

● 평사원을 위한 바이블

영 역	바 이 블	
제너럴 매니지먼트	①《현대의 경영》	기업의 전반적인 관리를 파악할 수 있는 체계서
논리적 사고	②《논리의 기술》	논리적 사고/Critical Thinking에 관한 체계서

● 중간 관리자를 위한 바이블

영 역		바 이 블	
경영의 세 자원	사람	①《하버드에서 가르치는 인재전략》	인적자원관리(HRM)영역 전반의 체계서
		②《조직행동의 매니지먼트》	조직행동학(OB)영역 전반의 체계서
	물건	③《마케팅 매니지먼트》	마케팅영역 전반의 체계서
	돈	④《기업분석입문》	회계영역 전반의 체계서
		⑤《기업가치평가》	재무영역 전반의 체계서
		⑥《코포레이트 파이낸스》	
전 략		⑦《경쟁의 전략》	전략영역(경쟁전략) 전반의 체계서
		⑧《경쟁우위의 전략》	

영　역		바　　　이　　　블	
경영의 세 자원	사람	①《최강 조직의 법칙》	학습하는 조직을 만들기 위한 연구
		②《기업이 원하는 변화의 리더》	조직변혁을 추진하는 프로세스에 관한 연구
		③《컴피턴시 매니지먼트의 전개》	인적자원관리의 평가기준에 관한 연구
	물건	④《브랜드 에퀴티 전략》	마케팅의 브랜드에 관한 연구
		⑤《서비스 마케팅 원리》	서비스에 특화한 마케팅 연구
		⑥《고객로열티 매니지먼트》	마케팅의 고객로열티에 관한 연구
	돈	⑦《리스크》	재무의 중요한 개념인 리스크에 관한 연구
		⑧《EVA창조 경영》	기업가치향상의 새로운 방침에 관한 연구
		⑨《ABC매니지먼트 혁명》	관리회계의 한 개념에 관한 연구
		⑩《실물옵션》	재무의 새로운 의사결정방법에 관한 연구
전　략		⑪《게임이론으로 성공하는 경영》	게임이론을 활용한 협조전략에 관한 연구
		⑫《지식창조기업》	전략적 지식의 관리·창조에 관한 연구
		⑬《코어 컴피턴스 경영》	자사의 강점을 중심으로 한 전략에 관한 연구
		⑭《성공하는 기업들의 8가지 습관》	훌륭한 기업에 관한 연구
		⑮《전략 밸런스드 스코어카드》	재무·회계 이외의 지표도 포함한 전략실행 도구에 관한 연구
기술경영· 기업가 정신		⑯《이노베이션의 딜레마》	기술경영 영역의 이노베이션에 관한 발견
		⑰《이노베이션의 해(解)》	이노베이션을 창조하는 방법에 관한 주장
		⑱《벤처 창조의 이론과 전략》	창업·벤처비즈니스에 특화한 체계

주 : 각 바이블 소개의 첫 페이지 하단에 있는 '경력·직위별 분류' 란에
　　기재되어 있는 마크의 의미는 다음과 같다.
　　◎ 가장 적합한 학습대상자
　　● 이미 마스터하고 있는 것이 필수조건
　　○ 마스터하는 것이 바람직

제1장 제너럴 매니지먼트

현대의 경영

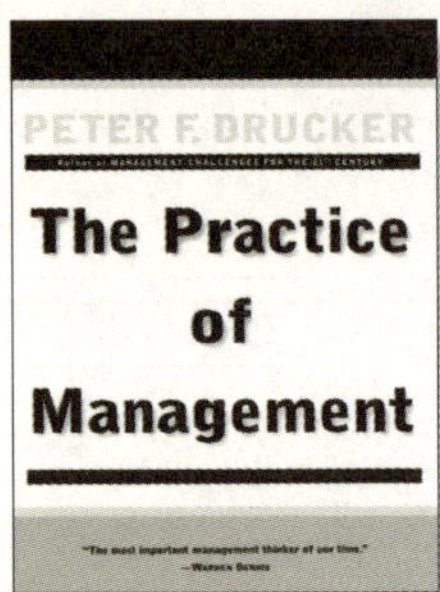

제너럴 매니지먼트 필수 체계서

현대의 경영
The Practice of Management

피터 F. 드러커 著

키워드	❶ 제너럴 매니지먼트
	❷ 리더십
	❸ 의사결정

기능별 분류	제너럴 매니지먼트	◎
	논리적 사고	
	기술경영 · 기업가 정신	○
	사람 (휴먼 리소스 · 조직행동)	○
	물건 (마케팅)	
	돈 (회계 · 재무)	
	전략	

경력별 분류	초급자	◎
	중급자 (매니저)	●
	상급자 (시니어 매니저)	●

 ## 1분 해설

이 책은 《엑셀런트 컴퍼니》의 공저자인 톰 피터스가 '내가 쓴 내용은 모두 드러커의 《현대의 경영》에 언급되어 있다'고 할 정도의 명저다.

'경영학의 시조'로 추앙받고 있는 드러커 경영학의 원점이며 경영 입문서로서 반드시 거론되는 책이다. 초판은 1954년에 출판되었는데 '경영을 독립된 기능으로 다룬 세계 최초의 책'으로 여겨지고 있다. 이 책에서 드러커는 제2차 세계대전 후, 공업화가 진척되어 가는 시점에서 이미 지식에 의해 부가가치를 창출하는 지식노동자가 요구되는 점을 예언하고 있다.

드러커 이전에 엘튼 메이어나 앙리 페이욜, 그리고 프레드릭 테일러 등 경영에 관련된 영역을 다룬 학자가 있었지만, 체계적으로 경영을 하나의 전문 영역으로 정리한 것은 이 책이 처음으로 여겨지고 있다.

 ## 요지

서장에서는 매니지먼트란 무엇인가에 대해서 정의를 내린 후, 그것의 세 가지 기능(①사업의 매니지먼트 ②경영관리자의 매니지먼트 ③사람과 조직의 매니지먼트)을 설명하고 마지막에 그것들을 통합하는 '매니지먼트의 의사결정'에 대해 설명하고 있다.

드러커의 진수(眞髓)는 그냥 이론이 아니라 '공감할 수 있는' 경영의 본질과 함께 매니지먼트의 체계를 가르쳐 주고 있다는 점이다. 예를 들면 '사업목표'라는 말 한 마디도 단순히 사업전략을 구축하는 과정의 하나로 내세우는 것이 아니라 그 '사업목표'를 설정하기 위해서 '어떤 한 가지의 시점(視點)만을 설정해버리는 것은 여러 가지 해독(害毒)을 간과하고 많은 사람을 잘못된 방향으로 이끌 수 있다'며 의지가 없는 결정에 경적(警笛)을 울렸다. 또 그는 '사업의 목표로 너무 이익만을 강조하다 보면 경영 담당자들을 혼란시켜 사업의 존속을 위협하는 사태를 초래할 수 있다. 그렇게 되면 경영 담당자들이 눈앞의 이익에만 관심을 가지고 사업의 장래성을 무시하기 때문이다'라고 언급하고 있다.

드러커의 메시지에 의하면, 목표를 설정할 때는 단순히 한 가지 영역 뿐만 아니라 다음에서 말하는 8가지 영역 하나 하나를 검토하고, 체계적으로 정리할 수 있도록 목표를 세우는 것이 좋다고 한다. 여기서 말하는 8가지 영역은 ①시장에서의 지위 ②혁신성 ③생산성 ④물적 자원 및 재원 ⑤수익성 ⑥경영담당자의 능력과 육성 ⑦노동자의 능력과 태도 ⑧사회적 책임 등이다.

또한 드러커는 개별 담당자 혹은 구체적인 일정이 없는 계획이나 목표는 단순히 '희망적 관측'에 불과하다고 단언한다. 우리는 목표를 성취하기 위해서는 담당자나 일정이 계획되어 있어야 한다는 사실을 알고 있다. 하지만 대부분 그것을 제대로 실천하지 못하고 있다. 드러커는 이 책을 통해 이렇듯 공감은 가지만 실제로는 제대로 이루어지지 않거나, 평소 이해하고 있다고 생각했지만 확실히 실행에 옮기지 못하는 여러 가지 문제를 해결할 수 있도록 영감을 주고, 독자 스스로 행동을 변혁시킬 수 있도록 동기를 부여해 준다.

책의 서두에서 '경영관리자는 사업에 생명을 불어넣는 다이나믹한 존재다. 그들의 리더십이 없다면 생산자원은 단지 자원에 그치고 생산은 이루어지지 않는다' 라고 말한 것처럼 이 책은 현대에 넘쳐나는 경영이론이 공허(空虛)하게 느껴질 정도로 혼(魂)이 들어 있는 경영학을 가르쳐 주는 드러커 경영학의 원전(原典)이라 할 수 있다.

 독서 메모

- 사업의 목적으로서 유효한 정의는 오직 하나! 바로 고객을 창조하는 것이다.
- 오늘날 기업이 필요로 하는 것은 개인의 능력과 책임에 넓은 영역을 부여함과 동시에 그들의 의지나 노력에 공통적인 방향을 부여하고, 팀워크를 앞세워 개인의 목표와 공통의 이익을 서로 조화시킬 수 있는 '경영원리' 다. 이것을 제대로 완수하기 위해서는 목표설정과 자기통제에 의한 경영이 필요하다.
- 아무리 우둔한 사람이라도 예산을 지킬 수는 있다. 하지만 지키기 위해서 예산을 잡는 사람은 거의 없다.
- 매니지먼트는 사업체 특유의 기관이며 경제적인 기관이다. 조직의 활동에는 여러 가지 비경제적인 성과가 있다(종업원의 행복, 지역사회에의 공헌 등). 하지만 경제적인 성과를 올릴 수 없다면 그 매니지먼트는 실패한 것이나 다름없다.
- 매니지먼트는
  ① 사업의 매니지먼트

②경영관리자의 매니지먼트

③사람과 일의 매니지먼트

라는 3가지 기능으로 구성된다.

제1기능 [사업의 매니지먼트]

마케팅과 이노베이션으로 고객을 창조하는 활동을 말한다. 따라서 사업의 매니지먼트는 관료적 혹은 관리적인 일이 아니라 기업적이어야 한다. 또한 환경적응적인 일이 아니라 창조적인 일이어야 한다. 더욱이 매니지먼트는 업적으로만 평가되는 의식적인 활동이어야 한다. 기업은 현재 영위하는 사업 혹은 앞으로 해야 할 사업을 잘 매니지먼트해야 한다. 여기서 말하는 사업은 영리, 비영리를 막론한다.

제2기능 [경영관리자의 매니지먼트]

경영관리자를 매니지먼트하고 인적·물적 자원을 활용해서 생산적인 기업을 만드는 활동을 말한다. 기업은 그 구성요소인 자원의 합계보다 큰 존재이며 투입된 자원보다 더 많은 것을 산출할 수 있는 유기적(有機的)인 존재이다. 이처럼 자원에 변화를 가져다 주는 것이 바로 매니지먼트다. 그런데 주위의 여러 가지 자원 속에서 성장과 발전을 기대할 수 있는 것은 오직 사람뿐이다. 따라서 경영관리자는 기업에게 가장 중요한 자원인 셈이다. 기업은 경영관리자의 팀을 활용해서 스스로 매니지먼트한다. 즉, 경영관리자의 매니지먼트는 자원을 살리는 것을 말한다.

제3기능 [사람과 일의 매니지먼트]

기업은 일을 하는 곳이다. 그리고 그 일을 하는 것은 여러 가지 기능을 지닌 다양한 사람들이다. 현대와 같이 '지식'이 인적자원의 중심을 차지하게 되면 사람과 그 일을 매니지먼트하는 것이 기업의 입

장에서 볼 때 가장 중요한 일이 된다.

● 저자 약력

피터 F. 드러커(Peter F. Drucker)

미국 클레아몬드 대학원(드러커스쿨) 교수. 1909년 빈에서 태어남. 프랑크푸르트대학 졸업. 1944년에 GM으로부터 톱 매니지먼트의 연구를 위탁받아 1946년 《회사라는 개념》을 집필. 그 외 다수의 저서가 있음. 90세를 넘긴 현재에도 교수활동과 집필활동을 계속하고 있음.

「현대의 경영」 목차 체계도

매니지먼트의
정의

> 서론 매니지먼트의 본질

제 1 장 매니지먼트의 역할
제 2 장 매니지먼트의 일
제 3 장 매니지먼트에의 도전

기업의 세 가지 측면

① 경제적인 성과를 낳는 기관

② 사람을 고용, 육성하고 보수를 지불
　　하는 인간적·사회적 조직

③ 사회나 커뮤니티에 뿌리를 두며
　　공익을 도모하는 사회적 기관

매니지먼트의
3가지 기능 → 매니지먼트의
종합성

(1) 사업의 매니지먼트

제1부 사업을 매니지먼트한다

제4장 시어즈의 사례
제5장 사업이란 무엇인가
제6장 우리의 사업은 무엇이며 어떻게
　　　 되어야 하는가
제7장 사업의 목표
제8장 내일의 성과를 위한 오늘의 의사결정
제9장 생산의 원리

(2) 경영관리자의 매니지먼트

제2부 경영관리자를 매니지먼트한다

제10장 포드의 사례
제11장 목표와 자기관리에 의한 매니지먼트
제12장 경영관리자는 매니지먼트한다
제13장 조직의 문화
제14장 CEO와 이사회
제15장 경영관리자의 육성

(3) 사람과 조직의 매니지먼트

제3부 매니지먼트의 조직행동

제16장 조직 구조의 선택
제17장 조직 구조의 설계
제18장 소기업, 대기업, 성장기업

제4부 사람과 일의 매니지먼트

제19장 IBM의 사례
제20장 사람을 고용하는 것
제21장 잘못된 인사관리
제22장 최고의 일을 위한 인간조직
제23장 최고의 일을 위한 동기부여
제24장 경제적 차원의 문제
제25장 현장관리자
제26장 전문직

매니지먼트의 의사결정

제5부 경영관리자의 의미

제27장 경영관리자와 그들의 일
제28장 의사결정을 하는 것
제29장 내일의 경영관리자

결론 매니지먼트의 책임

제2장 논리적 사고

논리의 기술

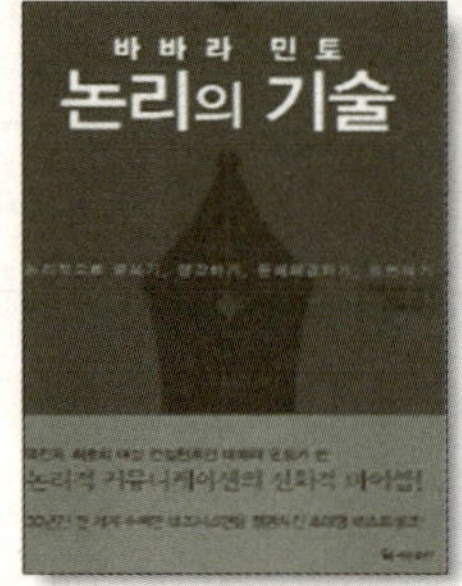

이론적 사고/크리티컬 싱킹에 관한 체계서

논리의 기술
PYRAMID PRINCIPLE

바바라 민토 著/최정규 감수/이진원 譯/더난출판 刊

🖱 키워드	❶ 피라미드 구조
	❷ 인과관계
	❸ MECE
	❹ 로직 트리

🛠 기능별 분류	제너럴 매니지먼트	○
	논리적 사고	◎
	기술경영 · 기업가 정신	○
	사람(휴먼 리소스 · 조직행동)	○
	물건(마케팅)	○
	돈(회계 · 재무)	○
	전략	○

🎖 경력별 분류	초급자	◎
	중급자 (매니저)	●
	상급자 (시니어 매니저)	●

 ## 1분 해설

　이 책은 모든 비즈니스맨에게 꼭 필요한 논리적 사고기술에 관한 바이블이다. 비즈니스맨은 모두 상사나 고객, 부하나 동료 등에게 문장(文章)으로써 자신의 의견을 알기 쉽게 설명할 수 있어야 한다. 그런데 자신의 생각과는 반대로 대부분의 비즈니스맨이 상대방에게 자신의 의사를 제대로 전달하지 못하는 경우가 많다.

　이 책은 세계 최고의 전략 컨설팅회사인 맥킨지 앤드 컴퍼니를 비롯한 세계 주요 컨설팅회사에서 글쓰기 과정을 가르친 저자가 사건이나 사물에 대해 나름대로의 논리를 세워 독자적인 문서를 작성하는 방법에 대해 설명하고 있다. 이 책은 영어 외에도 이탈리아어, 포루투칼어, 프랑스어, 독일어, 일본어, 한국어로 번역·출간된 저자의 대표적인 저서다.

 ## 요지

　글을 읽는 사람은 이해도를 높이기 위해 정보를 자동적으로 몇 개의 피라미드 형태로 그룹화해서 자신의 머리 속에 나열한다. 그 때문에 사전에 주어진 정보가 피라미드 형태로 배치되어 있다면 글을 읽는 사람이 아주 간단히 내용을 이해할 수 있다. 예를 들면, 하나의 개념 아래에 각 메시지가 피라미드 구조로 구축되어 있어야 한다는 것이다. 즉, 우선 전체를 요약할 만한 개념을 정하고 그 다음에 그 개념에 모순된 점이 없는 탑다운(Top-Down)형태로 배열한 피라미

드 구조를 구성한다. 실제로 문장을 작성할 때는 바텀업(Bottom-Up)으로 생각하지만 그 구성이 피라미드 구조로 되어 있는지 여부는 다음과 같은 세 가지 점을 체크하면 알 수 있다.

①어떤 단계든지 메시지가 그 하위(下位) 그룹 군(群)을 요약하는 것일 것
②각 그룹 내에서의 메시지는 항상 같은 종류일 것
③각 그룹 내에서의 메시지는 항상 논리적인 순서로 되어 있을 것

피라미드 내부구조는 '주요 사항과 보조 사항 사이의 종적관계(인과관계)', '보조 사항 사이의 횡적 관계(MECE:빠진 것이 없고 겹친 것이 없음)', '도입부의 스토리 전개' 등이다. 도입부의 스토리 전개는 '상황 ⇒ 복잡화 ⇒ 의문 ⇒ 답변'의 순서로 전개된다. 우선 읽는 사람이 알고 있는 상황을 설명하고 그 상황 속에서 무엇이 일어나고(복잡화), 그것에 의해 읽는 사람은 의문을 품고, 그 의문에 대한 답변이 나오는 식으로 구성된다.

이러한 전개를 실제업무에 적용할 때는
①그룹 내의 메시지 순서가 올바른가? (시간·구조·서열의 순서)
②문제해결 프로세스의 구체적인 근거는 무엇인가?
③자신의 생각을 요약하는 메시지는 무엇인가?
④자신의 생각을 표현하는 문장은 이것으로 좋은가?
라는 4가지 사항을 항상 유념하고 체크해야 한다는 점을 상세히 설명하면서 책을 마무리 짓고 있다.

 독서 메모

- 무엇인가에 대해 다른 사람에게 설명할 때는 항상 전체적인 내용을 요약해서 말한 후에, 각각의 항목을 하나씩 설명해야 한다.
- 문장의 적절성 여부는 어떤 단계든지 다음의 3가지 철칙을 체크하면 된다.
  ① 메시지가 하위 그룹 군을 요약하고 있을 것
  ② 각 그룹 내에서의 메시지는 항상 같은 종류일 것
  ③ 각 그룹 내에서의 메시지는 항상 논리적인 순서로 되어 있을 것
- 글의 도입부는 그것을 읽는 사람이 이미 알고 있는 사항을 이야기하는 것처럼 전달하는 것이 중요하다. 어떤 상황과 그 속에서 일어나는 여러 가지 문제점과 그로 인해 생기는 의문에 대해 기술하며 그 의문에 대해서 본문에서 답하는 순서가 된다.
- 연역적 논법은 삼단 논법의 형태로 표현되며 2가지 전제로부터 결론을 도출하는 논증형식이다. 예를 들면 '새는 하늘을 난다' → '나는 새다' → '나는 새이기 때문에 하늘을 난다' 와 같은 논법이다.
- 귀납적 논법은 몇 가지 다른 사항을 하나의 그룹으로 정리하고 그런 작업을 통해 얻어지는 정보의 의미를 개념화하는 창조적인 두뇌활동이 필요하다. 예를 들면 '프랑스의 전차(戰車)가 폴란드 국경에 있다', '독일 전차가 폴란드 국경에 있다', '러시아 전차가 폴란드 국경에 있다' → '폴란드가 전차에 의해 침략당하려고 한다' 라는 논법이다.

- 그룹 내의 메시지는 논리적인 순서에 따라 전개되는데, 바람직한 순서는

    ①어떤 결과의 원인을 특정(特定)한다(시간의 순서)

    ②전체를 부분으로 나눈다(구조의 순서)

    ③유사한 것들끼리 분류한다(서열의 순서)

- 문제해결 과정은

    ①문제가 무엇인가?

    ②문제는 어디에 있는가?

    ③문제는 왜 존재하는가?

    ④문제를 해결하기 위해 무엇을 할 수 있는가?

    ⑤문제를 해결하기 위해 무엇을 해야 하는가?

    라는 단계로 이루어진다.

- 요약 메시지를 만들기 위해서는 작성하고자 하는 글의 종류를 고려한다. 그 글은 읽는 사람에게 무언가를 지시하려는 행동에 관한 기술, 혹은 무언가를 설명하는 상황에 관한 기술 중 하나가 된다.

●저자 약력

바바라 민토(Barbara Minto)

미국 오하이오주 클리브랜드 출신. 하버드 비즈니스스쿨을 졸업한 후, 경영컨설팅사인 맥킨지에 여성 컨설턴트로서는 처음으로 입사. 문서작성에 관한 능력을 인정받아 런던사무소에 배치된 후, 유럽지역의 스태프에게 보고서 작성법을 지도하는 책임자로 일했다. 1973년에 민토 인터내셔널사를 설립하여 비즈니스맨을 대상으로 피라미드 원칙을 이용한 리포트 작성, 분석, 프레젠테이션 등에 관한 방법을 가르치고 있다. 세계의 주요 컨설팅회사와 펩시콜라, 오리베티, AT&T시스템, 유니레버 등과 같은 회사에서 글쓰기 과정을 지도하고 있다.

「논리의 기술」 목차 체계도

1. 피라미드구조의 원리

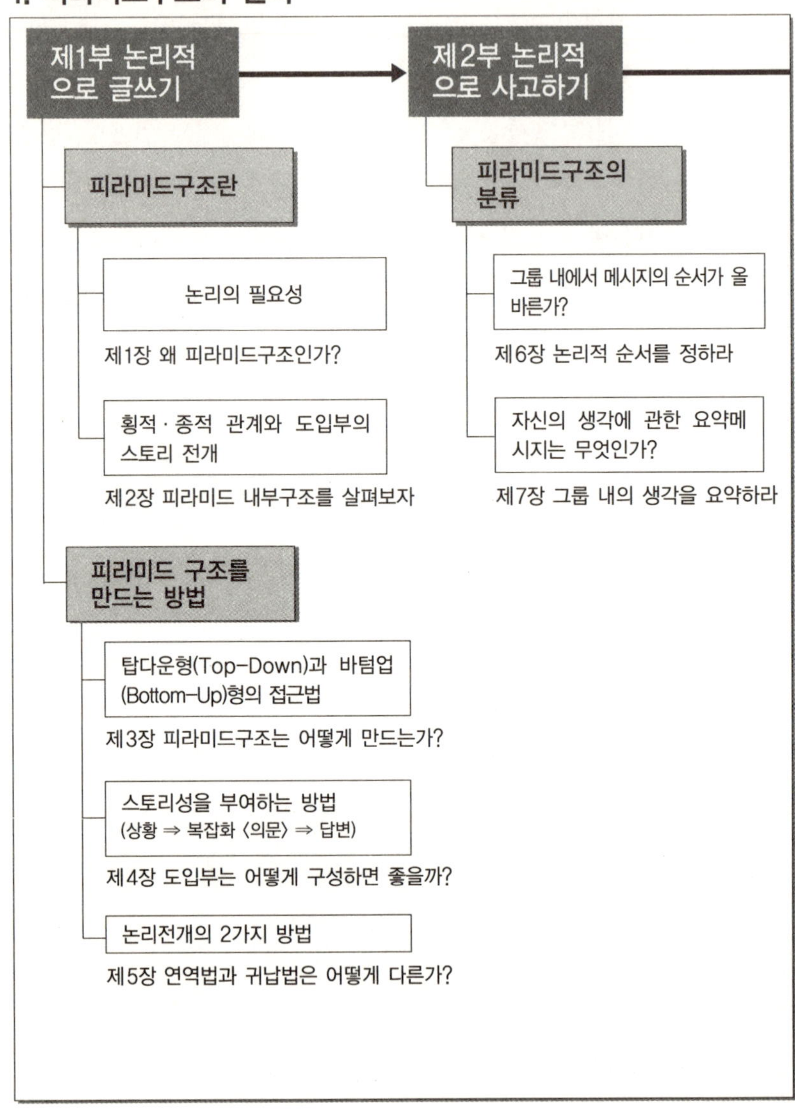

2. 피라미드구조의 실천

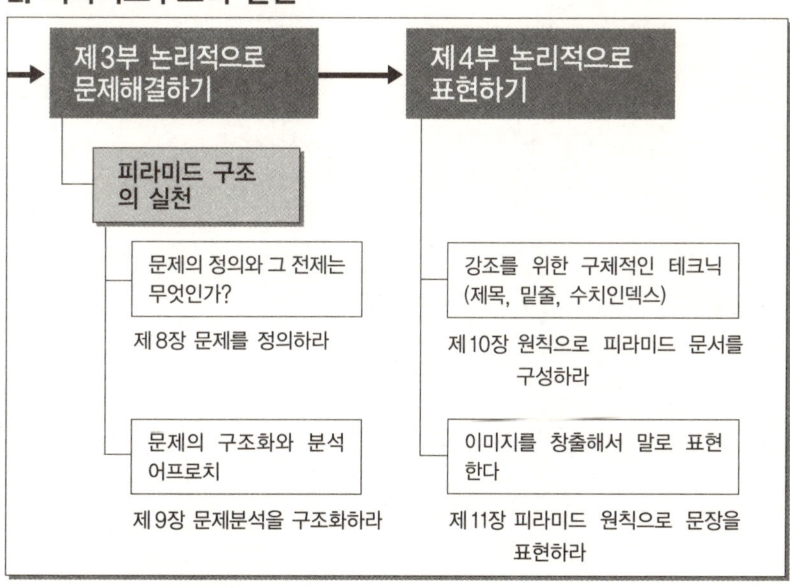

제3부 논리적으로 문제해결하기
제4부 논리적으로 표현하기
피라미드 구조의 실천
문제의 정의와 그 전제는 무엇인가?
제8장 문제를 정의하라
문제의 구조화와 분석 어프로치
제9장 문제분석을 구조화하라
강조를 위한 구체적인 테크닉 (제목, 밑줄, 수치인덱스)
제10장 원칙으로 피라미드 문서를 구성하라
이미지를 창출해서 말로 표현한다
제11장 피라미드 원칙으로 문장을 표현하라

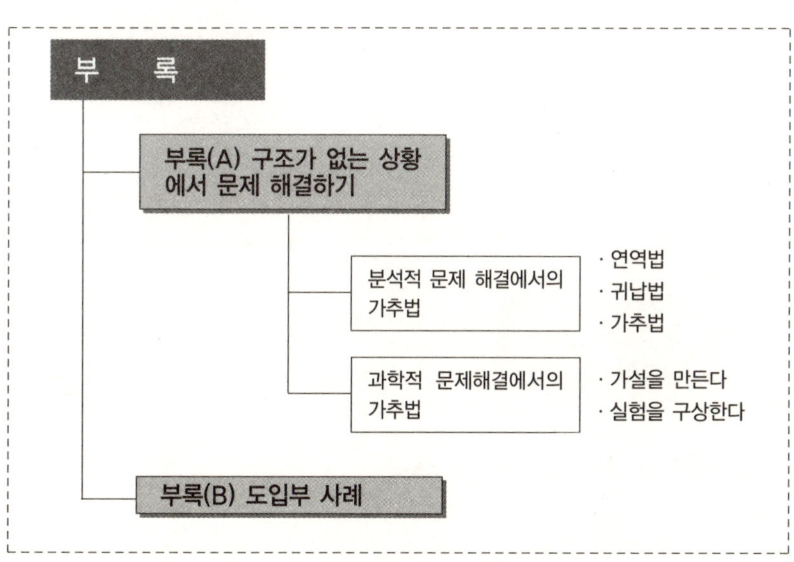

부 록
부록(A) 구조가 없는 상황에서 문제 해결하기
분석적 문제 해결에서의 가추법
· 연역법
· 귀납법
· 가추법
과학적 문제해결에서의 가추법
· 가설을 만든다
· 실험을 구상한다
부록(B) 도입부 사례

제3장 기술경영·기업가 정신

이노베이션의 딜레마
이노베이션의 해(解)
벤처 창조의 이론과 전략

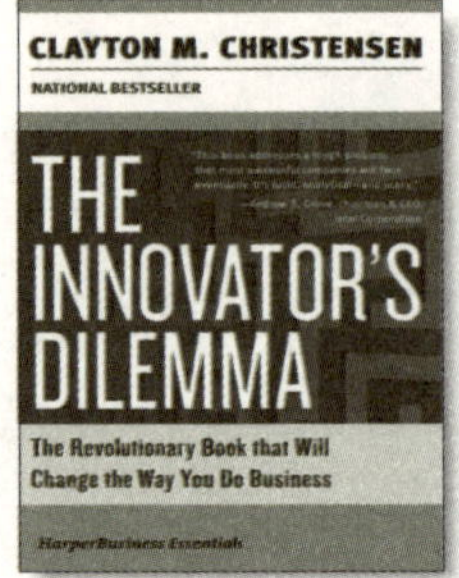

기술경영(MOT) 영역의 이노베이션에 관한 발견

이노베이션의 딜레마
기술혁신이 거대기업을 멸망시킬 때
THE INNOVATOR'S DILEMMA

클레이튼 M. 크리스텐센 著

키워드	
❶ 기술경영(MOT)	
❷ 이노베이션	
❸ 기업가 정신	

기능별 분류		
제너럴 매니지먼트		
논리적 사고		
기술경영 · 기업가 정신	◎
사람(휴먼 리소스 · 조직행동)	
물건(마케팅)	○
돈(회계 · 재무)	
전략	○

경력별 분류	
초급자	○
중급자(매니저)	○
상급자(시니어 매니저)	◎

 ## 1분 해설

이 책은 시장을 일신(一新)할 정도로 혁신적인 기술이 시장과 기업의 서열을 파괴적으로 바꿔 가는 경위와 '파괴적 이노베이션'에 의해 기존의 우량 기업이 빠질 수 있는 함정에 대해서 설명한 책이다. '기술 MBA'로 일컬어지는 화제의 MOT(Management of Technology ;기술경영) 커리큘럼에서 가장 중요한 개념의 하나로 강의되고 있는 이노베이션 매니지먼트를 이해하는 데 필수적인 명저라고 할 수 있다.

 ## 요지

저자는 기존의 우량 기업은 최선의 경영을 펼치고 있지만 맹목적인 노력 때문에 쇠퇴를 자초할 가능성이 있다고 설명하고 있다. 즉, 이 책은 중요 고객의 목소리를 귀담아 듣고 수익성이 높은 분야에 집중 투자하는 건전한 경영수단이 더 이상 통용되지 않는 기술혁신의 존재에 대해 설명하고 있다.

다운사이징이 반복되면서 디스크의 크기가 3.5인치로 작아져 하드디스크 업계의 선두 기업이 바뀐 사실은 너무도 유명한 이야기다. 이 때 기존의 선두 기업이 제대로 대응할 수 없었던 것은 새로운 규격이 기존의 규격에 비해 '파괴적 이노베이션'이었기 때문이다. 이는 곧 기능의 개선과 같이 기존 기술의 품질개량을 근간으로 한 제품이 반드시 시장을 장악하지는 못한다는 것을 의미한다. 이 책은 품질 자체는 떨어지지만 단순한 기능의 저렴한 제품을 만드는 새로운 기술(파괴적 이노베이션)의 등장으로 기존의 시장이 한순간에 사라질 수 있고, 이러한 (파괴적)이노베이션은 종래의 품질개량을 근간으로 한 기업 내에서의 의사결정 방식으로는 이루어질 수 없다는 점을 설명하고 있다. 저자는 안정된 우량 기업이 파괴적 기술에 투자할 수 없는 이유로 다음과 같은 3가지 요소를 들고 있다.

①파괴적 제품이 가격이 낮고 이익률이 낮다는 점

②파괴적 제품의 시장이 작다는 점

③우량 기업의 수익에 기여하는 고객이 파괴적 기술을 원하지 않는다는 점

오랜 역사와 실적을 지닌 기업일수록 고객의 의견에 귀를 기울이고 좀더 수익성이 높은 부가가치제품을 설계하고 개발하는 데 자원을 투입한다. 그러나 실제로 저가제품 분야에 틈새가 발생하여 파괴적 기술을 채용한 경쟁회사가 진입할 수 있는 여지를 남긴다.

이 책은 이러한 파괴적 이노베이션을 제대로 파악하여 적응하기 위한 시점(視点)을 부여하고, 그것을 현실화하기 위한, 우량 기업이라도 따라올 수 없는 5가지 원칙을 제시하고 있다. 그리고 경영자가 이러한 원칙에 따르면서 파괴적 기술에 대처하는 방법을 제시하고 있다.

 독서 메모

- DEC사로 대표되는 과거의 우량 기업이 수위의 자리에서 추락하는 것은 경쟁타사가 강해진 것이 아니라, 얼핏 보면 우위성이 없을 것 같고 성능이 좋을 것 같지도 않은 솔루션을 제공하는 신규 진입자가 출현한 것이 원인 중의 하나다.

- 신규 진입자는 기술혁신이 파괴적 이노베이션인데 반해, 기존의 우량 기업은 일반적으로 고객의 니즈에 맞추기 위해, 좀더 기능이 뛰어난 제품개발에 부단히 노력하는 이른바 '지속적 이노베이션(성질이 다른 기술혁신)에 승부를 걸고 있다.

- 신규 진입자는 저가격대의 시장에 진입하면 그 이후에는 제품을 개선하고 점유율을 확대하는 것이 가능하고, 해당 시장의 수위 기업을 추월할 수 있다.

- 디스크 드라이브 시장의 예

  · 디스크 드라이브 시장은 14인치, 8인치, 5.25인치, 3.5인치로 크기가 지속적으로 소형화되고 있었다.

  · 그 과정에서 즉, 14인치 → 8인치, 8인치 → 5.25인치, 5.25인치 → 3.5인치로 주력제품이 바뀌어갈 때, 기존의 주요 메이커들은 이미 경쟁에서 밀리고 있었다.

  · 주요 고객이 원하는 제품의 요건은 ①하드디스크의 용량, ② 1MB당 가격, ③성능 이었지만 대부분의 소형 디스크가 그러한 요건을 제대로 갖추지 못했을 뿐만 아니라 가격도 싸서 이익률이 낮았기 때문에 기존의 우량 기업은 이를 무시했다.

  · 한편 신흥기업은 또 다른 니즈와 수요처를 개척했고 결과적

으로 게임기(8인치), 중형 PC(5.25인치), 소형 PC/노트북 (3.5인치)이라고 하는 새로운 시장을 석권했다.

· 그런데 일단 시장에 진입한 후에는 서서히 기존의 성능기준 (디스크 용량, 1MB당 가격, 작동속도)을 향상시켜 상위 시장도 잠식하여 업계 리더의 자리를 차지했다.

● 파괴적 기술의 기준 ⋯ 기존 고객이 요구하는 성능과는 다른 축 (軸)의 성능(특성)을 지니고 있다(기존 고객 이외의 고객층을 확보한 후에, 기존 고객이 요구하는 성능 축에 맞게 제품의 성능을 향상시켜 상위 시장에 진출한다. 당초의 시장규모는 작다. 그리고 최종적인 용도와 주요 고객이 정해져 있지 않다).

● 지속적 기술의 기준 ⋯ 기술혁신이 고객이 원하는 성능향상 축에 맞춰져 있다(의사결정 과정은 기존의 고객 니즈에 의존).

● 파괴적 이노베이션 매니지먼트의 원칙

①프로젝트는 그것을 필요로 하는 고객을 확보한 조직에 맡긴다.

②작은 승리에도 용기를 얻을 수 있는 조직에게 프로젝트를 맡긴다.

③시행착오를 거듭하면서 시장을 찾을 수 있도록 초기에 대규모 투자를 하는 것은 피한다.

④기존 조직의 업무 프로세스나 가치기준을 적용시키지 않도록 한다.

⑤파괴적 제품의 특징이 제대로 평가받을 수 있는 시장을 찾아 개척한다.

●저자 약력

클레이튼 M. 크리스텐센(Clayton M. Christensen)

하버드 비즈니스스쿨 교수. 브링검영대학 경제학부를 수석으로 졸
업한 후, 옥스퍼드 대학에서 경제학 석사, 하버드 비즈니스스쿨에서
MBA를 취득. 그 후 보스턴 컨설팅 그룹에 입사하여 제품제조 전략
에 관한 컨설팅 업무를 하면서 백악관 자문위원으로서 엘리자베스
돌 운수장관을 보좌. 1984년 매사추세츠공과대학(MIT)의 교수들과
'세라믹시스템'사를 설립하여 사장과 회장을 역임. 1992년 동사를
퇴직하고 하버드 비즈니스스쿨 박사과정에 입학하여 2년 만에 졸업.
그의 박사논문은 최우수학위논문상, 윌리엄 아바나시상, 뉴코멘상,
맥킨지상 등 그 해의 박사학위 취득자들에게 수여하는 주요 상을 석
권했다.

「이노베이션의 딜레마」 목차 체계도

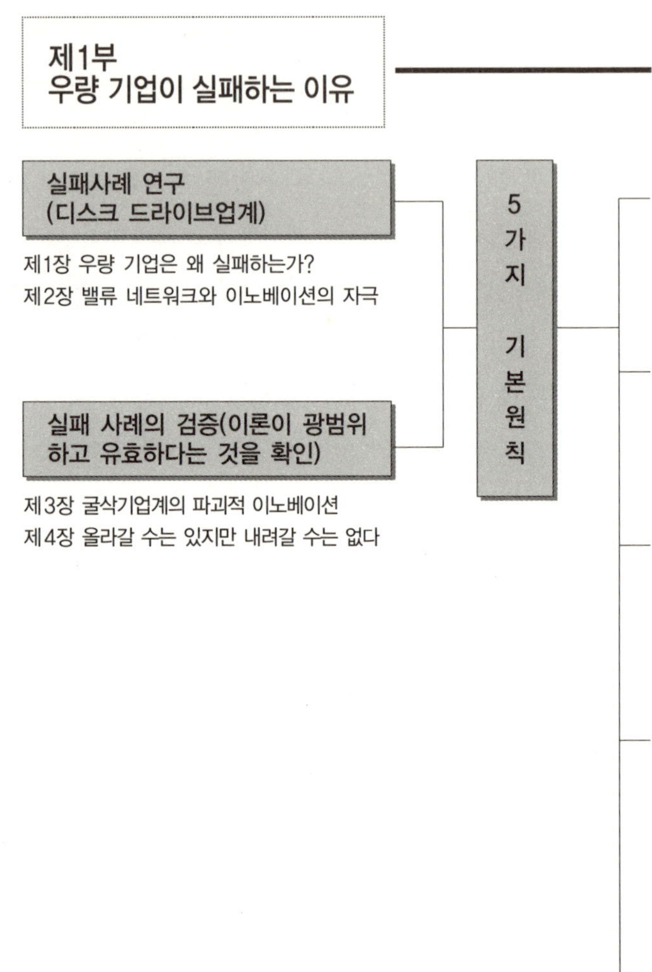

제2부
파괴적 이노베이션에의 대응

① 우량 기업의 자원분배 패턴은 실질적으로 고객이 지배하고 있다

제5장 파괴적 기술은 그것을 원하는 고객을 확보하고 있는 조직에 맡긴다

② 소규모 시장은 대기업의 성장수요를 충족시키지 못한다

제6장 조직의 규모를 시장의 규모에 맞춘다

③ 파괴적 기술의 최종적인 용도는 미리 알 수 없다

제7장 새로운 성장시장을 찾아낸다

④ 조직의 능력은 조직 내에서 일하는 인재의 능력과는 상관이 없고 프로세스와 가치기준과 상관이 있다

제8장 조직이 할 수 있는 것과 할 수 없는 것을 평가하는 방법

⑤ 기술의 공급은 시장의 수요와 반드시 일치하지 않고, 매력 없어 보이는 파괴적 기술이 큰 가치를 창출하는 경우도 있다

제9장 공급된 성능, 시장의 수요, 제품의 라이프 사이클

5가지 기본원칙의 적용사례

제10장 파괴적 이노베이션의 매니지먼트

정리

제11장 이노베이션의 딜레마

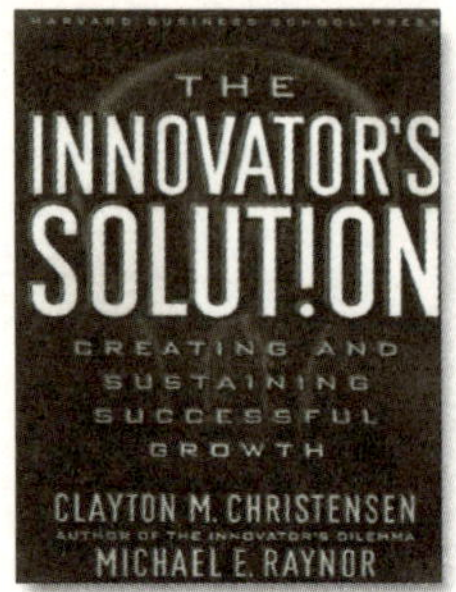

기술경영(MOT) 영역의 이노베이션을 추구하는 방법 연구

이노베이션의 해(解)

이익을 창출하는 성장을 향해

THE INNOVATOR'S SOLUTION

클레이튼 M. 크리스텐센, 마이클 E. 레이너 共著

🖱 키워드	
	❶ 기술경영(MOT)
	❷ 이노베이션
	❸ 기업가 정신

🔧 기능별 분류		
	제너럴 매니지먼트	
	논리적 사고	
	기술경영 · 기업가 정신	◎
	사람(휴먼 리소스 · 조직행동)	
	물건(마케팅)	○
	돈(회계 · 재무)	
	전략	○

⚲ 경력별 분류		
	초급자	○
	중급자(매니저)	○
	상급자(시니어 매니저)	◎

 ## 1분 해설

이 책은 우량 기업이 지속적으로 경쟁우위를 구축하고자 노력하는 과정에서 이노베이션이 지닌 함정을 실증한 명저이며 저자가 저술한 《이노베이션의 딜레마》의 후속편이다.

전작(前作)인 《이노베이션의 딜레마》는 우량 기업이 왜 자신의 자리를 신규 진입기업에게 내주는 상황이 발생했고, 그 우량 기업이 쇠퇴해가는 원인이 된 '파괴적 이노베이션'을 종래의 '지속적 이노베이션'으로 대항할 수 없었는지에 관해 기술하고 있다. 이 책은 파괴적 이노베이션에 대항할 것이 아니라 적응하는 방법을 고려해야 한다는 중요한 교훈을 전해 준다.

한편, 이 책은 그러한 파괴적인 기술혁신을 어떻게 관리하여 신규 사업을 구축하고, 기존의 우위기업에 맞설 것인지에 대한 구체적인 메시지를 담고 있다. 또한 기술경영(MOT), 전략, 기업가 정신 등에 관한 최신 이론을 소개하고 있다.

 ## 요지

책 제목대로 이 책은 《이노베이션의 딜레마》의 해결책에 대해서 기술하고 있다. 또한 이 책은 우량 기업이 파괴적 기술로 인해 시장을 상실하는, 즉 파괴되는 측이 아닌 스스로 파괴자가 되어 파괴적 이노베이션으로 새로운 성장사업을 창출한다는 '파괴적 이노베이션의 매니지먼트법'을 소개하고 있다. 즉, 기존 시장에서의 경쟁 혹은

시장 포화상태에서의 경쟁이 아닌 지금까지와는 다른 관점에서 새로운 수요를 환기하고 성장 잠재성이 큰 시장을 발견해야 한다는 전제 하에서 설득력 있게 논리를 전개하고 있다.

전작인 《이노베이션의 딜레마》는 지금까지 왜 우량 기업이 파괴적 기술혁신(파괴적 이노베이션)때문에 쇠퇴했는가에 초점을 맞추고 있지만, 이 책에서는 경쟁 기업과의 전쟁에서 이기기 위해서는 어떤 제품을 개발해야 하는지, 또 그 제품을 어떤 고객층을 목표로 마케팅 해야 하는지, 오퍼레이션에서 유통까지의 밸류체인(가치사슬) 중에서 무엇을 자사가 직접 담당하고 무엇을 아웃소싱할지와 관련된 의사결정에 대해서 설명하고 있다.

저자는 '파괴적 이노베이션의 매니지먼트법'에 대해서 전략의 옳고 그름이 아니라 전략수립 프로세스의 활용을 중시하여 '의도적(deliberate) 전략'과 '창조발전적(emergent) 전략'과 같은 서로 다른 전략수립 프로세스를 활용해서 의사결정을 하는 것이 중요하다고 설명하고 있다.

📖 독서 메모

- 전략 그 자체가 아니라 '의도적(deliberate) 전략'과 '창조발전적(emergent) 전략'과 같은 2가지 전략수립 프로세스를 관리할 필요가 있다.
- '의도적(deliberate) 전략'이란 의식적이고 분석적인 전략으로 데이터의 분석에 근거한 탑다운 방식으로 실행에 옮기는 전략

수립 프로세스이다.

- '창조발전적(emergent) 전략'이란 일상 업무를 수행하는 종업원에서 위로 올라가는 전술적인 관점에서의 전략수립 프로세스이다. 창조발전적 전략을 활용해서 '의도적 전략'으로는 예측할 수 없었던 것을 해결하는 경우가 있는데, 미래 예측이 불확실한 상황에서나 지금까지 효과적이었던 전략이 더 이상 유효하지 못할 것으로 예상될 때 필요하다.

- 종래의 마켓 세그멘테이션(Market Segmentation. 시장 세분화) 프로세스로는 고객이 원하는 가장 본질적인 니즈를 간과할 가능성이 있다. 그 때문에 고객의 '속성(屬性)'이 아니라 고객의 '상황(용무)'에 착안하고 현재의 상황에 근거해서 시장을 분석하여 자사 제품의 진정한 경쟁 상대를 인식한 후에 고객의 '상황(용무)'에 의한 니즈에 대응시킨다.

- 소니(SONY)는 '소비자가 진정으로 무엇을 해결하고자 하는가'라고 하는 '상황(용무)'에 대해서 고민함으로써 건전지식 소형 라디오, 워크맨, 휴대용 흑백 TV 등, 12가지의 신(新)시장형 파괴적 사업을 구축했다.

- 어떠한 이노베이션이라 하더라도 언젠가는 거의 일용품(Commodity)화 되어 버린다. 하지만 동시에 부가가치를 생성할 가능성도 있다. 즉, 어떤 회사가 일용품화의 영향을 받을 때는 반드시 보완적인 프로세스(탈 일용품화)가 밸류체인(Value chain. 가치사슬)의 다른 부분에서 작용해서 잠재적으로 막대한 이익을 획득할 기회를 준다.

- 제품화의 속도는 중요하다. 종래에는 새로운 자동차를 설계하

는 데 5년이 걸렸지만, 요즘은 2년 정도로 단축되었다. 고객의 기호에 맞춘 특징이나 기능을 커스터마이즈(customize. 고객의 요구에 맞게 변형)하는 것도 부가가치를 낳는 중요한 요소다.

● 전략수립의 3가지 요소

① 조직의 비용구조 : 가치기준을 명확히 해서 이상고객(理想顧客)으로부터의 파괴적 제품 주문이 우선될 수 있도록 한다.

② 발견지향 계획법 : 무엇이 유효한지의 여부를 항상 명확히 하고 학습할 수 있는 프로세스를 도입한다.

③ 의도적, 창조발전적 프로세스가 각 사업 상황에 맞게 이루어지도록 신경을 쓴다.

● 신성장 사업은 본업이 건전하게 이루어지고 있을 때에 정기적으로 시작할 필요가 있다.

● 기업의 규모가 커지더라도 소규모 신규 사업의 기회와 리스크에 관한 의사결정을 용이하게 할 수 있도록 사업부문을 지속적으로 분할한다(소규모 조직, 작은 리스크, 원활한 의사결정).

● 신성장 사업의 손실은 기존 사업의 이익으로 보전(補塡)하지 않는다(조기에 이익 실현이 예상되는 신규 사업).

●저자 약력

클레이튼 M. 크리스텐센 (Clayton M. Christensen)
앞에서 소개한 ≪이노베이션의 딜레마≫의 저자 약력을 참조.

마이클 E. 레이너 (Michael E. Raynor)
회계법인 딜로이트의 컨설팅부분인 딜로이트리서치의 디렉터로서
전기통신, 미디어, 컴퓨터, 소프트웨어, 금융서비스, 에너지, 헬스
케어 등 여러 산업 분야의 컨설팅 업무를 수행하는 동시에 캐나다 온
타리오주 런든시에 소재한 리차드 아이비 비즈니스스쿨의 MBA 및
관리자교육 과정에서 강의하고 있다. 하버드대학에서 철학학사, 리
차드 아이비 비즈니스스쿨에서 경영학석사(MBA), 하버드 비즈니스
스쿨에서 경영학박사(DBA) 학위를 취득.

「이노베이션의 해(解)」 목차 체계도

성장을 추구하기 위해 필요한 9가지 의사결정

제1장 성장이라는 지상과제
이노베이션의 블랙박스
(방향을 정하는 힘은 무엇인가?)

① 어떻게 하면 강력한 경쟁 상대에게 이길 수 있을까?

② 어떤 제품을 개발해야 하는가?

③ 어떤 초기 고객이 발전의 기반이 되는가?

④ 제품설계, 생산, 판매, 유통 등에 필요한 활동 중, 직접 해야 할 것과 제휴기업 혹은 하청기업에 맡겨야 할 것은 무엇인가?

⑤ 어떻게 하면 막대한 이익을 내는 경쟁우위를 유지할 수 있을까?

⑥ 신규 사업에는 어떤 조직형태가 가장 바람직한가?

⑦ 필승전략의 세부사항을 제대로 챙기기 위해서는? 어떤 상황일 때 유연성이 중요하고 어떤 상황일 때 그 유연성 때문에 실패하는가?

⑧ 자사에게 유익하고 무익한 투자에는 각각 어떤 것이 있는가?

⑨ 성장을 유지하기 위해 경영진은 어떤 역할을 해야 하는가?

제2장 강력한 경쟁 기업을 이기는 방법	**파괴적 이노베이션 모델**
제3장 고객이 원하는 제품이란?	**시장의 세분화**
제4장 자사제품의 최고 고객은?	**표적 시장의 설정**
제5장 사업범위를 적절하게 정한다 제6장 일용품화를 어떻게 막을 것인가?	**밸류체인의 검토**
제7장 파괴적 성장능력을 지닌 조직이란?	**파괴적 이노베이션에 적합한 조직**
제8장 전략수립 프로세스의 매니지먼트	**의사결정 프로세스**
제9장 좋은 돈이 있는가 하면 나쁜 돈도 있다.	**발전 단계에 근거한 투자의 자금원**
제10장 새로운 성장 창출에서 경영진의 역할	**매니지먼트와 리더십**

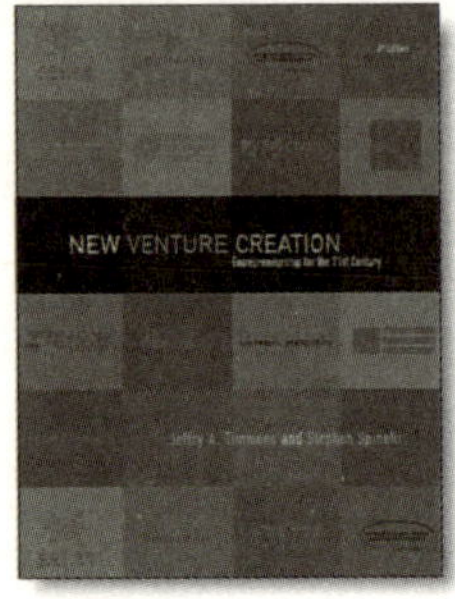

창업 · 벤처 비즈니스에 특화된 체계서

벤처창조의 이론과 전략

창업 기회 탐색에서 지금조달까지의
실천적 방법론
NEW VENTURE CREATION

제프리 A. 티몬즈 著

🖱 **키워드**	❶ 기업가 정신
	❷ 사업계획서

🔧 **기능별 분류**	제너럴 매니지먼트	
	논리적 사고	
	기술경영 · 기업가 정신	◎
	사람 (휴먼 리소스 · 조직행동)	○
	물건 (마케팅)	○
	돈 (회계 · 재무)	○
	전략	○

❗ **경력별 분류**	초급자	○
	중급자 (매니저)	○
	상급자 (시니어 매니저)	◎

 ## 1분 해설

벤처기업이 활약해서 새로운 시대를 여는 선도자 역할을 수행할 수 있다면 경제는 더욱 성장할 것이다. 따라서 벤처기업을 일으키는 기업가 정신의 존재는 매우 중요하다. 하지만 1을 100으로 만드는 것과 100을 10,000으로 만드는 것은 프로세스가 상이하듯이 중견기업과 대기업의 경영은 크게 다르다. 하물며 제로에서 시작해야 하는 벤처기업의 경영은 필요한 능력이나 룰 등 매니지먼트의 기본 조건이 천양지차다.

이 책은 벤처기업 경영에 관한 지식과 경험을 집대성한 것으로 세계의 여러 비즈니스스쿨에서 높은 평가를 받고 있다. 방대한 사례연구를 통해 설명하는 벤처의 역사, 지혜와 실천의 업적, 그리고 성공의 방정식 등은 기업가뿐만 아니라 투자가나 인큐베이터를 비롯하여 변호사, 컨설턴트 등에게도 실천적인 해설서가 될 것이다.

 ## 요지

이 책은 최종적으로 비즈니스 플랜(사업계획서)의 작성을 목표로 하고 있지만, 그것의 시작단계라고 할 수 있는 벤처 창업기회의 평가, 경영 관리능력과 노하우의 평가 등에 관한 연습이나, 비즈니스 플랜 작성에 필요한 자원의 평가, 플랜 작성 전후의 재무전략과 창업 후의 경영관리 등, 문자 그대로 벤처경영에 필요한 모든 것이 망라된 대작(大作)이다. 연습부분에서는 실제로 활용할 수 있는 상세한

템플릿(틀)이 게재되어 있으며, 이론뿐만 아니라 실천에도 활용할 수 있어 창업과정을 간접적으로 체험할 수 있다.

이 책은 이론과 구체적인 사례, 그리고 템플릿이 포함된 체계서이면서도 기본적으로는 '대다수의 벤처기업이 시장에서 사라진다' 는 즉, '「실패는 법칙」이지 예외가 아니다' 라는 확고한 신념으로 현실적인 관점에서 기술하고 있다.

 독서 메모

- 벤처 비즈니스의 생존확률은 2년 후에 73%, 6년 후에 37%, 그리고 10년 후에는 9%가 된다.
- 기업가 정신에는 사고(논리)와 행동양식이 중요하다. '창업기회를 놓치지 말고 균형감각 있는 리더십과 전체성(全體性)을 가지고 접근하는 사고(논리)와 행동양식으로 새로운 가치를 창조할 것'.
- 창업기회는 단순히 아이디어를 얻는 것이 아니라 고부가가치 제품이나 서비스를 고객에 제공하기 위한 프로세스를 확립하는 것이다(모든 기술이 창업기회는 아니다).
- 혁신적인 기술은 창업의 성공에 있어서 필요조건이지 충분조건은 아니다. 벤처 창업에서 가장 중요한 것은 창업자와 매니지먼트팀이다.
- 벤처기업의 매니지먼트팀에게 팀워크는 매우 중요하다. 좋은 팀워크는 다른 팀원이 일처리를 용이하게 하고 파트너나 주요

구성원 중에서 영웅을 탄생시킨다.

● 조직몰입도(커미트먼트의 정도)가 강한 팀원은 장기적인 관점에서 사업을 바라볼 줄 알고 벤처 비즈니스가 일확천금을 노리는 것이 아니란 것을 잘 알고 있다.

● 팀원에게는 가치창조를 통해 파이 자체를 크게 함으로써 고객, 거래처, 이해관계자 등에게 이익을 주려는 조직몰입(커미트먼트)이 있다.

● 팀원을 결속시키기 위한 보상, 급여, 인센티브 등의 제도는 사업규모를 불문하고 기업가치의 구축과 투자수익에 의존한다.

● 재무전략은 벤처기업과 창업가의 목표, 자금수요, 자금조달 방법 등에 의해 결정되는데, 그 중에서 자금조달 방법은 교섭력과 자금조달 활동의 관리능력으로 결정된다.

● 리스크캐피탈(위험자본) 조달의 의사결정에 영향을 미치는 것은 외부 주주자본의 필요성, 창업자의 외부 주주자본에 대한 생각, 공급자금의 원천 등이다.

● 자금조달의 교섭 시에 고려할 사항은 다음과 같다.

① 공동매각 조항

기업공개 전에 투자가가 소유주식을 양도할 수 있다 …나중에 투자한 투자가의 이해관계와 상반되고 창업자의 자금조달능력을 떨어뜨린다.

② 반희석화(反稀釋化) 조항

당초 가격보다 낮은 가격으로 주식양도가 이루어졌을 때는 먼저 투자한 투자가가 무상(無償)으로 주식을 받는다 …투자가의 관점에서는 좋은 일이지만, 제일 마지막에 조달한 자금이 주식가격과 거래구조를 지배한다는 현실을 무시한 것이다.

③ 워쉬 아웃 파이낸싱

기존의 우선주주가 증자(추가투자)에 응하지 않을 경우, 대량의 자금조달로 모든 투자가나 창업자의 지분을 희석시킨다.

④ 강제매수

경영진이 일정 기간까지 매수자를 찾지 못 할 경우, 또는 기업을 공개할 수 없을 경우는 투자가가 미리 합의된 조건으로 매수자를 구할 수 있다.

⑤ 강제공개권

3년에서 5년 사이에 투자가가 적어도 한 번은 IPO(주식공개)를 요구할 수 있다.

⑥ 공동공개조항

투자가에게 IPO로 주식을 매각하는 권리를 부여한다. 통상적으로는 주식중개업자가 결정한다.

⑦ 우선주식의 강제상환

IPO가 실패했을 경우, 강제상환으로 투자가의 우선주식을 되살 의무가 있다.

⑧ 핵심인물(Key Person)의 보험

만일의 사태에 대비해서 회사가 핵심인물의 생명보험 가입을 강제한다. 보험금 수취인은 회사나 우선주주로 한다.

●저자 약력

제프리 A.티몬즈 (Jeffry A. Timmons)

밥슨대학 교수. 하버드 비즈니스스쿨에서 MBA 및 박사학위 취득. 벤처 비즈니스 및 기업가 정신에 관한 연구 업적은 세계적으로 높은 평가를 받고 있다. 또한 하버드대학과 밥슨대학에서의 교육과 연구 활동 뿐만 아니라 벤처기업의 경영자, 투자가, 임원 그리고 여러 재단이나 기금의 어드바이저로서 활발한 활동을 펼치고 있다.

「벤처창조의 이론과 전략」 목차 체계도

벤처 창업기회의 평가

잠재적 성장률이 높은 창업기회를
어떻게 발굴하는가?

제1부 창업기회

제1장 창업 프로세스
제2장 신규 사업의 아이디어
제3장 창업기회의 인식
제4장 창업기회의 평가 선택

경영관리능력과 노하우의 평가

창업가가 벤처기업의 매니지먼트팀
을 어떻게 성공으로 이끌 것인가?

제2부 창업경영자

제5장 기업가정신의 이론과 실천
제6장 기업가적 매니지먼트
제7장 벤처 경영 붐
제8장 패밀리 벤처
제9장 기업가 윤리

비즈니스 플랜의 작성

경영자원의 활용법과 비즈니스
플랜의 작성법

제3부 필요자원

제10장 필요자원
제11장 비즈니스 플랜의 수립

비즈니스 플랜의 응용과
실천

벤처기업의 자원조달과 초창기, 급성
장기, 수확기의 경영전략

제4부 벤처기업의 재무전략

제12장 벤처의 자금조달
제13장 리스크캐피탈의 조달
제14장 기업가치의 평가와 자금조달
제15장 차입자본의 조달

제5부 초창기와 그 후

제16장 급성장기의 경영관리
제17장 기업가와 벤처기업의 위기
제18장 수확과 그 저편
제19장 개인적인 창업전략의 수립

제4장 사람 (HR / 조직행동)

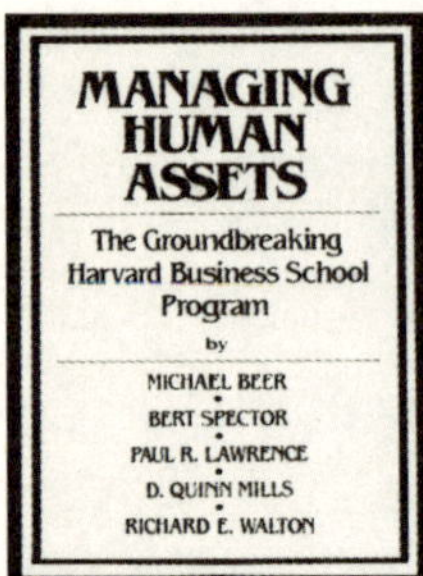

인적자원관리(HRM) 평가기준에 관한 체계서

하버드에서 가르치는 인재전략

MANAGING HUMAN ASSETS

M.비어, B.스펙터, P.R.로렌스, D.Q.밀즈, R.E.월턴 共著

키워드	
	❶ HRM (인적자원관리)
	❷ 보상제도, 직무제도
	❸ 인 플로우 (In-Flow), 내부적 플로우, 아웃 플로우 (Out-Flow)

기능별 분류		
	제너럴 매니지먼트	○
	논리적 사고	○
	기술경영 · 기업가 정신	○
	사람 (휴먼 리소스 · 조직행동)	◎
	물건 (마케팅)	
	돈 (회계 · 재무)	
	전략	○

경력별 분류		
	초급자	○
	중급자 (매니저)	◎
	상급자 (시니어 매니저)	●

 1분 해설

이 책은 하버드 비즈니스스쿨에서 처음으로 '인적자원관리(HRM: 휴먼 리소스 매니지먼트)' 과목이 기초 과목으로 개설될 때 교과서로 채택되었던 책이다.

사람과 조직의 영역에서는 모티베이션(동기)이나 리더십 등을 다루는 조직행동학이 MBA과정의 기초과목으로 들어 있지만 여태까지는 승진제도나 보수제도, 교육제도, 퇴직관리제도 등이 각각의 제도를 모은 제도(하드)의 관리로 다루어지고 있었다. 즉, 그러한 개별 제도를 다루는 '인재관리(퍼스널 매니지먼트)'는 매니지먼트의 한 도구로서 사용되는 경향이 있었다.

이 책은 HRM이야말로 그런 하드한 제도와 조직행동이라는 소프트한 부분을 하나의 세트로 만들어 사람과 조직의 영역을 체계화하고 경영에 활용할 수 있다고 강조한 최초의 책이다. 특히 '사람'은 경영전략에 근거한 결정을 하는 주체이며 '사람·물건·돈' 중에서 유일하게 감정을 지니고 나머지 2가지를 다루는 주역이란 점을 강조했다. 아울러 '사람'과 그 집합인 조직의 매니지먼트는 종래의 인사부라는 관리부분이 아닌, 모든 현장의 매니저가 일상적인 업무와 함께 HRM을 이해하고 실천하는 것이 중요하다고 강조했다. 이 책은 본질적으로 '제도집(制度集)이 아닌 경영전략의 중핵으로 인적자원관리를 체계적으로 다룬 바이블'이며, 경영과 밀접한 관련이 있는 사람과 조직의 중요성에 대해서 처음으로 이야기한 책이기도 하다. 그래서인지 출판된 지 30년인 지난 오늘날에도 여전히 빛이 바래지 않고 있는 영원한 명저라고 할 수 있다.

　이 책이 다른 이론서적과 다른 점은, HRM(인적자원관리)을 단순한 인사·노무의 전문 매니지먼트가 아니라, 기업을 '경영'하는데 가장 중요한 자원으로서 전략의 중심에 두고 체계적으로 정리한 점일 것이다. 즉, 조직행동, 조직개발, 노무관리, 인사관리 등의 이론을 통합하면서도 어디까지나 제너럴 매니지먼트의 관점에서 정리되어 있다.

　책 내용은 전체적으로 HRM을 다음의 4가지 영역으로 나누고 있다.

①종업원의 영향

②휴먼리소스 플로우(인재 플로우)

③보상시스템

④직무시스템

　제일 먼저 종업원의 영향을 거론하고 있는데 저자인 M. 비어 등은 기업 경영에 중요한 역할을 하는 종업원이야말로 가장 중시해야 한다는 전제로 글을 전개하고 있다. 이 책은 먼저 삼각형을 그리고 그것의 각 모서리에 휴먼리소스 플로우(채용 플로우, 승진 등의 내부 플로우, 퇴직 플로우), 보상시스템, 직무시스템을 두고 그 한가운데에 종업원의 영향이 위치한 개념도를 그리고 있다.

　또한 이러한 4가지 영역과 함께 기업전략에 근거한 인적자원관리란 점을 나타내는 요인으로서, 모든 HRM시스템의 체계는 종업원뿐만 아니라 사업전략과 그 조건, 경영이념, 노동시장, 노동조합, 직무기술, 법률, 사회적 가치관 등과도 밀접한 관련이 있으며 그러한 전제가 바뀌면 HRM시스템도 변화해야만 한다고 설명하고 있다.

실무적인 관점에서는 다음 6가지를 해명하는 것이 중요하다고
한다.

①어떻게 자사의 HRM제도를 진단해서 장단기 성과를 예상하고,
　그런 제도를 개선시켜 나가야 하는가?

②어떻게 하면 전사적인 경쟁전략 속에 HRM제도를 포함시킬까?

③어떻게 하면 종업원의 참가를 높일 것인가?

④어떻게 하면 기업의 종업원을 생애(生涯) 자원으로서 활용하는
　인재 플로우를 구축하고 관리할까?

⑤어떤 보상시스템으로 HRM제도의 변화를 지탱해 가야 하는가?

⑥어떤 직무시스템으로 종업원의 능력과 몰입도를 높일까?

 ## 독서 메모

● **이해관계자의 이익**

　기업은 여러 이해관계자를 지닌 작은 우주(宇宙)이며 이들은 서
로 협조할 때도 대립할 때도 있다.

● **HRM제도의 선택영역**

　인사와 노무관리에 포함된 여러 활동은 다음과 같은 4가지 영
역으로 나눌 수 있는데 이러한 것들을 제대로 파악하고 운용하
는 것은 인사담당자가 아니라 현장 매니저의 역할이다.

①종업원의 영향

　　기업목표나 노동조건, 직무개발 등의 여러 문제에 대한 종업
원들의 영향에 관해서 정하는 제도를 만든다.

②휴먼리소스 플로우

관리자가 기업목표에 근거해서 '적정 능력을 지닌 적정한 수
의 요인을 확보' 하는 것과 같은 직무(인 플로우(채용), 내부
플로우(승진, 이동, 능력개발), 아웃 플로우(퇴직))에 대해
서 얼마나 책임을 지며 협력적으로 수행하는가?

③보상시스템

금전적, 비금전적인 것을 불문하고 기업을 어떤 조직으로 만들
고 유지해 가며 종업원에게 어떤 행동을 해 주길 바라는지와
같은 명확한 기대(주요한 발견, 사실, 또는 주장)를 전달해 주
고 있다.

④직무시스템

매니저는 직무를 정의하고 설계함으로써 조직화를 도모할 필
요가 있다.

● HRM제도의 성과 파악

HRM에 관련된 여러 제도가 기업의 실적, 종업원의 복지, 사회
의 복지 등의 향상에 도움이 되고 있는지를 평가하기 위해서는
①종업원의 몰입(Commitment), ②능력(Competency), ③정
합성(Conformity), ④비용효과(Cost-performance)와 같은 4C
의 향상 정도를 측정한다.

●저자 약력

마이클 비어 (Michael Beer)

하버드대학 비즈니스스쿨 교수. 퀸즈칼리지 학사, 노스캐롤라이나 주립대학 석사, 오하이오주립대학 박사과정을 거쳐 코닝사 조직 R&D부문 매니저로 근무. 1975년부터 하버드대학 비즈니스스쿨에서 교편을 잡고 있다. 매니지먼트 아카데미 이사, GTECH사 이사를 겸직하면서 포춘지 선정 500사를 대상으로 컨설팅을 하고 있다. 《Breaking the Code of Change》, 《The Critical Path to Corporate Renewal》 외 다수의 저서가 있다.

「하버드에서 가르치는 인재전략」 목차 체계도

HRM의 정의

4가지 주요 영역

제1장 인적자원관리란 무엇인가?

① 종업원에 의한 영향
② 인적자원 플로우
③ 보상시스템
④ 직무시스템

HRM의 전제 조건

제2장 HRM의 개념적 틀

① 종업원의 특성
② 비즈니스 전략과 그 조건
③ 경영이념
④ 노동시장
⑤ 노동조합
⑥ 직무기술
⑦ 법률과 사회적 가치관

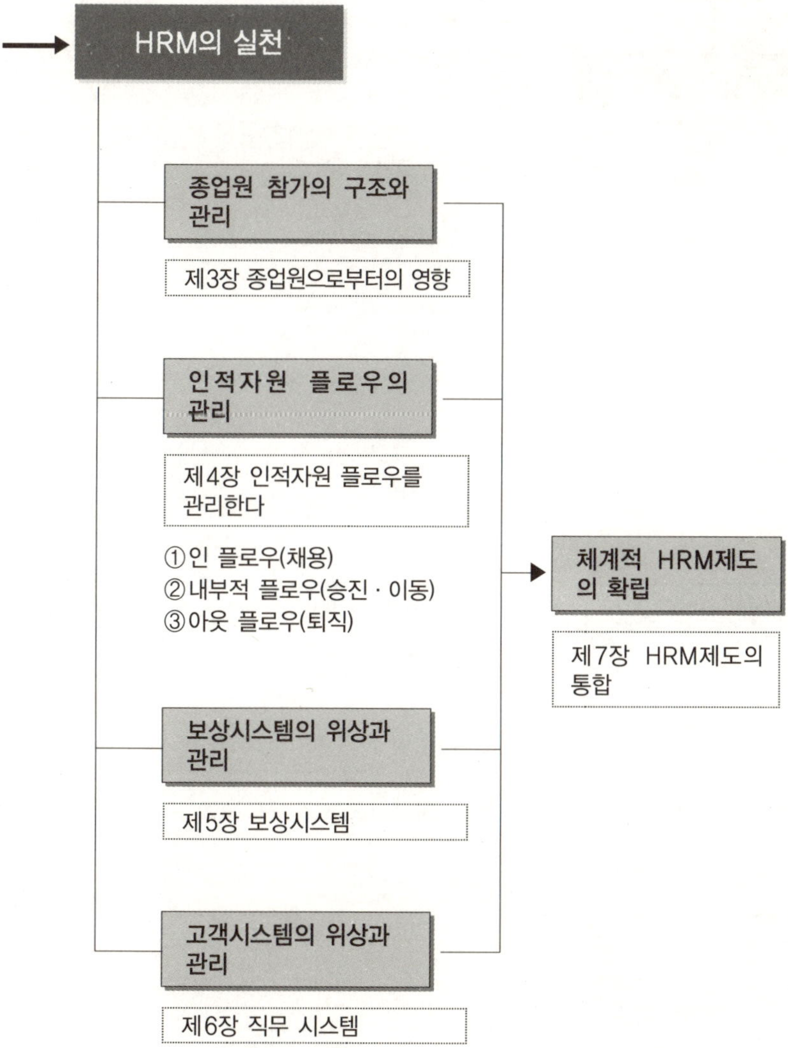

HRM의 실천

종업원 참가의 구조와 관리

제3장 종업원으로부터의 영향

인적자원 플로우의 관리

제4장 인적자원 플로우를 관리한다

①인 플로우(채용)
②내부적 플로우(승진·이동)
③아웃 플로우(퇴직)

체계적 HRM제도의 확립

제7장 HRM제도의 통합

보상시스템의 위상과 관리

제5장 보상시스템

고객시스템의 위상과 관리

제6장 직무 시스템

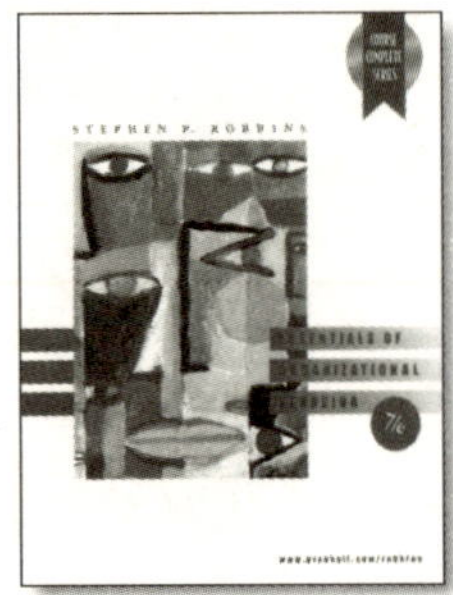

조직행동학 영역에 관한 체계서

조직행동의 매니지먼트

입문에서 실천까지

ESSENTIALS OF ORGANIZATIONAL BEHAVIOR

스티븐 P. 로빈스 著

🖱 키워드	❶ 조직행동학
	❷ 리더십

🛠 기능별 분류	제너럴 매니지먼트	○
	논리적 사고	
	기술경영 · 기업가 정신	○
	사람 (휴먼 리소스 · 조직행동)	◎
	물건 (마케팅)	
	돈 (회계 · 재무)	
	전략	

🎖 경력별 분류	초급자	◌
	중급자 (매니저)	◎
	상급자 (시니어 매니저)	●

 ## 1분 해설

이 책은 조직행동학의 바이블이라 할 수 있는 책이다. 사회학, 심리학, 사회심리학, 인류학, 정치과학 등과 같은 행동과학 분야에서도 개별적으로 논의되고 있던 기업에서의 조직행동을 체계적으로 정리하고, '개인', '개인의 집합인 집단', '집단의 집합인 조직'의 분석레벨별로 조직행동에서 다루는 동기부여나 그룹 다이나믹스, 조직문화, 커뮤니케이션, 컨플릭트, 권력 등을 통합한 전체상을 정리한 명저다.

 ## 요지

품질과 생산성을 개선시키는 대인관계 스킬을 익히고, 권한을 위양하며, 부하에게 동기를 부여하고, 글로벌화에 대응하며, 변혁을 일으키는 등의 활동은 모두 조직행동학에서 다루는 매니지먼트 영역이다.

이 책에서는 사람과 조직이 어떤 식으로 행동하는지를 연구하는 학문인 '조직행동학'에 입각해서 조직 내에서 활용할 수 있는 개념이나 이론을 체계적으로 설명하고 있다. 이를 위해서, 행동을 크게

①설명(왜 그렇게 되었는가)

②예측(어떻게 되는가)

③통제(어떻게 해야 하는가)

등 중요한 세 가지 포인트로 압축하여 현장에서 활용할 수 있도록

연구한다. 또한 저자는 행동의 주체를 크게, ①개인 ②그룹(개인의 집단) ③조직(그룹의 집단) 으로 나누고 각각에 대해서 구체적으로 설명하고 있다. 이 책에서는 조직구조나 직무설계, 실적평가나 보상시스템이 어떤 식으로 각 차원(次元)에서 작용하는지에 중점을 두고 고찰하고 있다. 특히 그룹을 단순한 개인에 대한 매니지먼트의 집적(集積) 혹은 조직을 그룹에 대한 매니지먼트의 집적으로만 다루어서는 적절히 대처할 수 없다는 등의 조직행동학에 관한 구체적인 메카니즘의 진수에 대해서 설명하고 있다.

 독서 메모

- 조직문화의 차이를 분석하는 차원에는,
  ①환경과의 관계
  ②시간관념
  ③인간의 본질
  ④활동의 지향성
  ⑤책임의 초점
  ⑥공간의 인식
  등과 같은 6가지가 있다.
- 퍼스낼리티에는,
  ①외향성
  ②사람
  ③성실성

④안정된 감정

⑤경험에 개방적

등과 같은 5가지의 요인이 있다.

- 동기부여에 관한 기초 이론 중 가장 유명한 것은 욕구 5단계설, X이론과 Y이론, 동기부여요인·위생요인과 같은 초기의 3가지 이론이다. 이러한 이론이 나온 이후에 동기부여에 대해서 종합적으로 설명하는 것으로 ①매력 ②실적과 보상의 관계 ③노력과 실적의 관계와 같은 3가지의 변수로 설명한 기대이론이 있지만 어떤 동기부여이론이 가장 유효한지에 대해서는 문화적인 차이에 따라 크게 좌우된다.

- 사람이 집단에 참가하는 이유는 크게,

  ①안심감 ②지위 ③자존심 ④친밀감 ⑤권력 ⑥목표달성과 같은 6가지를 들 수 있다.

- 리더십에 관한 이론은 완전히 해명된 것은 아니지만 주로 4가지 어프로치로 분석되고 있으며 가장 많이 사용되는 것은 상황적합이론이다. 하지만 한계를 드러낸 특성이론(특히 카리스마형 리더)의 재검토 등 여전히 논의의 대상이 되고 있다. 각 이론들이 왜 비판을 받고 있으며 어느 부분에 결함이 있었는지 이해하는 것이 중요하다.

- 컨플릭트란 'A가 B의 목적달성이나 이익향상을 결과적으로 실패하도록 하기 위해 어떤 형태로 방해하는 의도적인 프로세스'인데, 크게 나누어

  ①전통적 견해 ②인간관계적 견해 ③상호작용적 견해와 같은 3가지 어프로치가 있다.

● 컨플릭트가 선(善)인지 악(惡)인지는 그 종류에 따라 다르다. 컨
플릭트는 일반적으로 생산적 컨플릭트와 비생산적 컨플릭트로
나눌 수 있다. 이 때의 구분법은 개인이 아니라 집단에 대한 컨
플릭트의 영향력이 생산적인지 비생산적인지에 따른다.

● 조직구조는
①직무전문화 ②부문화 ③지휘명령계통 ④관리범위 ⑤집권화
와 분권화 ⑥공식화 등과 같은 6가지 요소에 의해 적합성이 결
정되는데, 서로 다른 상황에서는 특정한 구조의 디자인이 그다
지 바람직하지 않다.

● 기업의 실적평가나 보상제도는 종업원의 태도나 행동에 크게
영향을 미친다. 평가의 축(軸)은 개인의 업무성과인지, 행동인
지, 특성인지, 누가 평가하는지, 어떤 식으로 평가하는지에 따
라 결정된다.

● 평가의 잠재적인 문제로는 크게 다음의 6가지를 들 수 있다.
①단일 기준의 문제 (기준배분의 불만)
②관대오차의 문제 (평가자에 따라 다르다)
③헬로오차의 문제 (어떤 하나의 기준이 되는 특성이 다른 특성
의 평가에도 영향을 미친다)
④유사오차의 문제 (자기 자신의 특성을 중시해서 평가)
⑤저문화도의 문제 (평가 기록이 엉성하다)
⑥실적과 무관한 기준에 일치시키는 문제 (본래의 기준을 임의
로 조정)

● 조직문화는 각 조직 내의 특성으로 이루어지는데
①혁신 및 리스크 성향

②세세한 사항에 대한 주의

③결과지향

④종업원 중시

⑤팀 중시

⑥적극적인 태도

⑦안정성

등과 같은 7가지의 변수가 복합적으로 영향을 미친다.

● 조직변혁의 단계는

①해동(문제인식의 공유) ⇒ ②변혁(이행) ⇒ ③재동결(정착화)로 이루어진다.

● 변혁에 대한 저항을 극복하기 위한 방법으로는

①교육과 커뮤니케이션 ②참가 ③촉진과 지원 ④교섭 ⑤조작과 흡수 ⑥강제 등과 같은 6가지를 들 수 있다.

●저자 약력

스티븐 P. 로빈스 (Stephen P. Robbins)

네브라스카대학, 콩코디아대학, 볼티모어대학 등에서 강의를 하고 있다. 아리조나대학에서 박사학위를 취득. 《Management, 5th edition》, 《Fundamentals of Management》, 《Organizational Theory, 3rd edition》 등의 저서가 있는데, 천 개 이상의 미국 대학과 세계 각국의 대학에서 교과서로 사용되고 있다.

「조직행동의 매니지먼트」 목차 체계도

조직행동학

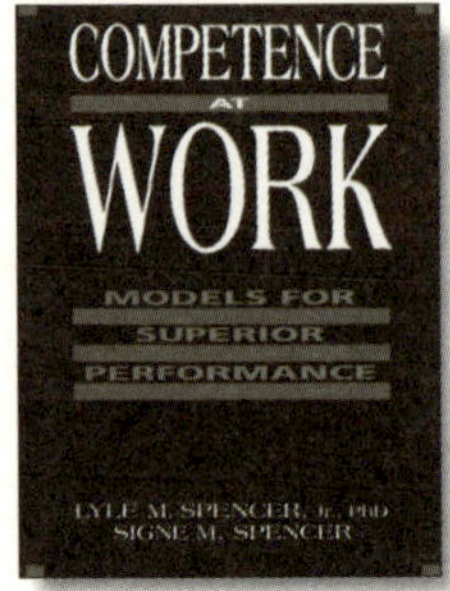

인적자원관리(HRM) 평가기준에 관한 체계서

컴피턴시 매니지먼트의 전개
도입·구축·활용
COMPETENCE AT WORK

라일 M, 스펜서, 시뉴 M. 스펜서 共著

🖱 키워드	❶ HRM(휴먼 리소스 매니지먼트)
	❷ 조직행동학
	❸ 컴피턴시

🔧 기능별 분류	제너럴 매니지먼트	
	논리적 사고	
	기술경영 · 기업가 정신	
	사람(휴먼 리소스 · 조직행동)	◎
	물건 (마케팅)	
	돈 (회계 · 재무)	○
	전략	○

🎖 경력별 분류	초급자	○
	중급자 (매니저)	○
	상급자 (시니어 매니저)	◎

1분 해설

이 책은 하버드대학 심리학 교수인 데이비드 맥클랜드(David McClelland)에 의해 1970년에 제창된 컴피턴시 개념을 제자인 스펜서가 '경영의 세계'에서 체계화하고 구현한 것이다.

이 책은 최근 많은 기업에서 도입하고 있는 컴피턴시 모델의 원전이며 자세한 설명을 곁들인 컴피턴시 딕셔너리(사전)를 제시한 컴피턴시 경영의 바이블이라 할 수 있는 책이다. 저자는 20년간에 걸친 286개의 연구에 근거해서 이 책을 완성했다. 따라서 우리나라의 경영에도 많은 시사점을 전해 주는 바이블로 평가할 수 있으며 370페이지가 넘는 대작이다.

요지

이 책의 체계는 산업심리학, 조직심리학에 근거한 컴피턴시 연구의 역사와 용어에 대해서 설명한 후에, 높은 실적을 올리는 사람이나 조직에 공통되는 21가지 컴피턴시 딕셔너리를 자세히 소개하고 있다. 그 다음에 컴피턴시 모델의 연구를 위해 리서치와 데이터 분석법에 대해 설명하고 기술자나 전문직, 영업직, 지원·인적 서비스 종사자, 관리직별로 성공적인 컴피턴시 모델에 대해서 자세히 설명하고 있다.

또한 이 책은 인재를 매니지먼트할 때 컴피턴시가 관련하는 인재 플로우(채용, 배치, 개발 등)의 소기능적인 측면에서도 그 적용법을 고찰하고 있다. 즉, 정보화사회, 지식노동자의 부족, 인재의 다양화, 글로벌화, 인공지능의 활용 등과 같은 여러 문제에 컴피턴시를 어떻게 적용해야 하는지에 대해서도 제언하고 있다.

이 책은 20년에 걸친 연구를 바탕으로 미래에 대한 제언까지 내놓는 대작이다. 저자의 새로운 지식창조를 위해 '3개월에 한 번 정도는 컴피턴시 딕셔너리를 갱신할 필요가 있다' 는 제언에는 상당한 공감이 간다.

 독서 메모

● 컴피턴시란 '여러 상황을 극복하고 꽤 장기간에 걸쳐, 일관성 있게 나타나는 행동이나 사고의 방법' 을 말한다.
● 컴피턴시 특성의 체계는
　①동인(動因) … 모티베이션
　②특성 … 신체적 특징이나 여러 상황, 정보에 대한 일관된
　　반응
　③자기 이미지 … 개인의 태도, 가치관, 자아상
　④지식 … 특정 영역에서 개인이 보유하고 있는 정보
　⑤스킬 … 신체적, 심리적 임무를 수행하는 능력
　의 다섯가지다.
● 컴피턴시 연구의 디자인은
　①실적 경화성(硬化性)의 척도를 정의한다
　②척도별로 샘플을 택한다

③데이타를 수집한다

④수집된 데이타를 분석해서 컴피턴시 모델을 만든다

⑤컴피턴시 모델의 타당성을 검증한다

⑥컴피턴시 모델의 적용을 준비한다

와 같은 여섯 단계를 밟는다.

● 비관리직 스태프에게서 나타나는 직종간 컴피턴시 요건의 차이에 비해서 관리직의 컴피턴시 요건은 서로 비슷하다. 관리직의 컴피턴시 요건은 다음과 같다(우선순위는 괄호 안의 숫자가 클수록 높음).

①임팩트와 영향력(6)…개인적 이익이 아닌 회사의 이익을 먼저 생각하고 영향력을 행사한다.

②달성중시(6)…자신뿐만 아니라 부하나 팀을 위해서 업적측정, 목표달성, 비용효과 분석을 행한다.

③팀워크와 협조(4)…부하뿐만 아니라 동료, 상사에 대해서도 참여를 유도하는 참여형 매니지먼트를 진행한다.

④분석적 사고(4)…실적 혹은 사건이나 사물의 영향에 대해서 논리적으로 분석해서 원인과 결과를 규명하여 대책을 마련한다.

⑤이니셔티브(4)…정해진 일의 범위를 넘어서 미래의 기회를 파악해서 장래의 문제에 대처한다.

⑥인재의 육성(3)…건설적인 피드백을 해 주고 격려하면서 지시, 제안, 설명, 지원과 함께 지도한다.

⑦자기 확신(2)…자신의 능력이나 판단에 자신감을 가지고 도전적인 일을 즐기며 상사에게 적극적으로 상담하고 질문한다.

⑧대인관계 이해(2)…다른 사람의 태도, 흥미, 니즈, 견해 등
　　을 이해하고 장단점을 파악한 후에 행동의 이유를 이해한다.
⑨지시 명령/자신감(2)…상대방에게 No라고 분명히 말할 수
　　있고 높은 실적목표를 요구한다.
⑩정보탐구(2)…문제를 분석하고 미래에 있을 기회를 잡기 위
　　해서 체계적이면서도 다양한 정보원(情報源)으로부터 정보를
　　수집하며 때로는 자신이 직접 정보를 수집한다
⑪팀 리더십(2)…높은 실적 목표를 설정해서 팀원과 커뮤니케
　　이션을 한다.
⑫개념화 사고(2)…다른 사람들은 눈치 채지 못하는 관련성이
　　나 패턴을 파악하며 문제점이나 필요한 행동을 식별한다. 이
　　를 위해서는 전문 능력과 전문지식이 최소 필요요건이다.

컴피턴시

'여러 상황을 극복하고 꽤 장기간에 걸쳐, 일관성있게 나타나는 행동이
나 사고의 방법'

컴피턴시의 체계

●저자 약력

라일 M. 스펜서(Lyle M. Spencer, Jr.)

맥버사 사장/CEO 및 헤이 매니지먼트 컨설팅 사의 테크니컬 디렉터.

시뉴 M. 스펜서(Signe M. Spencer, Jr.)

맥버사 시니어 리서치 어소시에이터.

「컴피턴시 매니지먼트의 전개」 목차 체계도

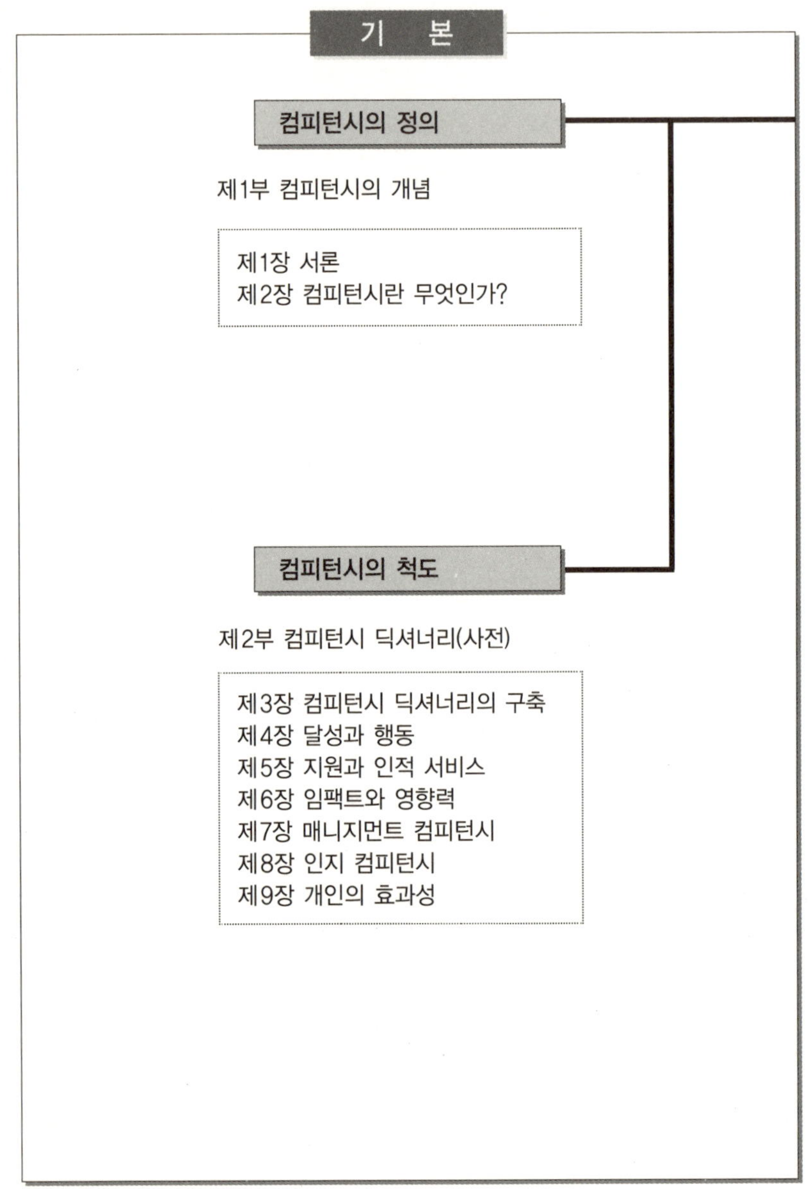

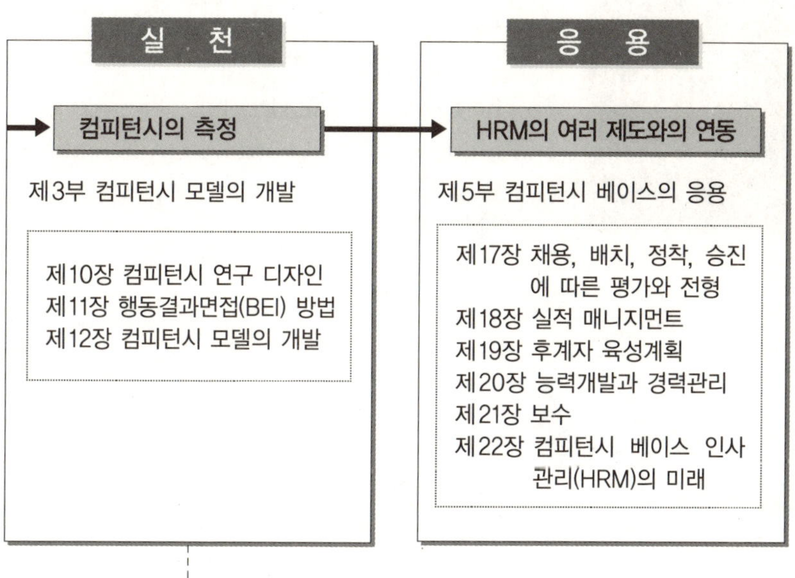

실 천
응 용
컴피턴시의 측정
HRM의 여러 제도와의 연동
제3부 컴피턴시 모델의 개발
제5부 컴피턴시 베이스의 응용
제10장 컴피턴시 연구 디자인
제11장 행동결과면접(BEI) 방법
제12장 컴피턴시 모델의 개발
제17장 채용, 배치, 정착, 승진
에 따른 평가와 전형
제18장 실적 매니지먼트
제19장 후계자 육성계획
제20장 능력개발과 경력관리
제21장 보수
제22장 컴피턴시 베이스 인사
관리(HRM)의 미래
직무별 컴피턴시 모델의 예
제4부 연구결과의 검토 : 일반
적인 컴피턴시 모델
제13장 기술자와 전문직
제14장 영업직
제15장 지원·인적 서비스
종사자
제16장 관리자

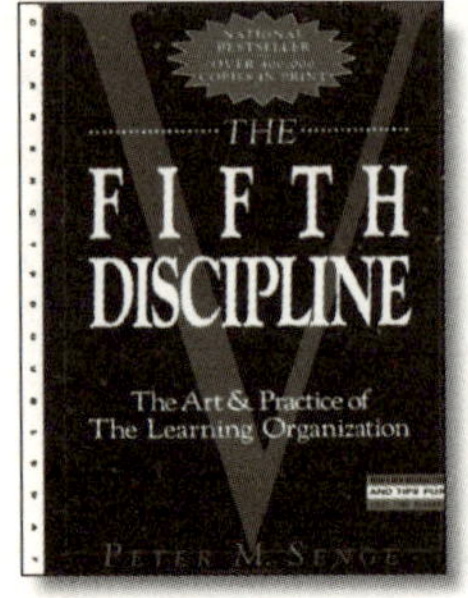

학습하는 조직을 만들기 위한 연구

최강 조직의 법칙

신시대의 팀워크란 무엇인가?

The FIFTH DISCIPLINE: The Art &
Practice of The Learning Organization

피터 M. 센지 著

🖱 키워드	
	❶ 조직행동학
	❷ 리더십
	❸ 시스템 사고
	❹ 학습조직

🛠 기능별 분류		
	제너럴 매니지먼트	○
	논리적 사고	○
	기술경영 · 기업가 정신	○
	사람 (휴먼 리소스 · 조직행동)	◎
	물건 (마케팅)	
	돈 (회계 · 재무)	
	전략	○

🎖 경력별 분류		
	초급자	○
	중급자 (매니저)	○
	상급자 (시니어 매니저)	◎

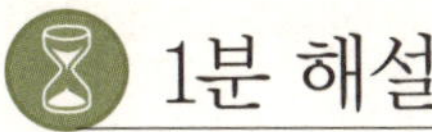 1분 해설

　기업회생이나 변혁 등의 필요성이 중요시 되는 요즘, 미국 못지않게 우리나라도 조직의 변혁을 성공시켜야할 필요가 있다. 이 책은 일본 경제의 버블이 극에 달했던 1990년에 출판되었는데, 공교롭게도 미국보다는 오히려 일본 쪽에 더 필요한 내용이라는 생각이 든다. 이 책은 종업원 개개인의 학습이 아니라, '조직적인 차원에서 학습하고 변혁을 이루기 위해서는 무엇이 필요한가'라고 하는 현장에 적용하는 매니지먼트의 본질을 규명한 명저이다.

 요지

　기업이 종업원의 노동의식을 바꾸고 조직의 능력을 향상시키려면 자율적으로 학습해 가는 '학습조직(Learning Organization)'을 구축하지 않으면 안된다. 이 책은 조직을 변혁시키기 위해 무엇이 필요한지를 체계적으로 설명하고 있으며 학습하는 조직, 시스템적 사고 등과 같은 조직의 디자인에 관한 새로운 개념을 제창한 교과서로 여겨지고 있다.

 독서 메모

- 이 책에서 의미하는 '디시플린(Discipline)'이란, 학습하고

습득해야 할 이론과 기술의 총체이며, 실천해야 할 과제를 지칭한다.

● 학습조직의 5가지 디시플린은 다음과 같다.

① 시스템적 사고 … 전체의 패턴을 분명히 하고 그것을 유효하게 바꿔가는 관점에서 사고할 것. 5가지 디시플린 중에서도 가장 중요한 시스템 사고는 다른 4가지를 통합하는 것으로 여겨진다. 이 시스템적 사고로 전체를 정리하고 일관된 실행 계획을 세울 수 있다.

② 자기 통제 … 현실을 객관적으로 바라볼 것. 그러기 위해서는 개인의 시야를 넓히고 항상 현실에 대해 깊이 이해할 수 있도록 의식적으로 노력해야 한다.

③ 멘탈 모델(Mental model)의 극복 … 자신도 모르는 사이에 고정화된 이미지나 개념(멘탈 모델)을 자세히 분석하고 조사한다.

④ 공유 비전의 구축 … 조직 내에서 공통의 아이덴티티와 미션 아래 개인을 결속시킬 것. 이를 위해서는 이름뿐인 비전이 아니라, 종업원들이 진정으로 납득하고 참가할 수 있는 공통의 '미래상'을 찾아내서 계속적으로 커뮤니케이션을 할 필요가 있다.

⑤ 팀 학습 … 현대의 조직에서는 개인이 아니라 팀으로 조직된 그룹이 성과를 내는데, 그것을 위한 학습의 기초를 구축할 것. 팀이 학습하고 성장하지 못한다면 집합체인 조직도 성장하지 못한다.

● 기업이 안고 있는 7가지의 학습장해는 다음과 같다.

① '직무 = 자신' … 개인이 자신의 직무에만 신경을 쓰면 각각의 직무가 연관되어 나타나는 결과에 대한 책임감이 약해져 직무간의 연계가 장해를 받는다.

② '적은 저 편에' … '직무 = 자신' 이라는 생각과 마찬가지로 자신의 일에만 신경을 쓰면 자신이 하고 있는 일의 본질적인 목적이나 자신의 행동이 조직에 어떤 영향을 미칠지에 대해서 인식할 수 없게 된다. 또 자신의 일의 결과가 좋지 않으면 그 이유를 외부나 다른 사람의 탓으로 돌릴 우려가 있다.

③ 적극성의 환상 … '저편의 적'과 싸우려고 무조건 공격적이 된다면 결과적으로 그 사람은 수동적으로 반응하고 있는 셈이 된다. 이것은 적극성의 환상이다. 진정한 적극성은 자신이 지닌 문제에 어떤 식으로 기여하는지에 대한 예측에서 비롯된다.

④ 개개의 사건에 얽매인다 … 오늘날 많은 조직과 사회의 생존에 위협이 되는 것은 갑작스럽게 나타나는 것이 아니라 서서히 진행되는 과정에서 비롯된다.

⑤ 끓는 물에 데인 개구리에 관한 우화 … 서서히 변화해 가는 프로세스를 제대로 파악하는 힘을 기르기 위해서는 지금의 빠른 속도를 조금 늦추어 전체상을 파악한 후에, 화려한 것뿐만 아니라 눈에 잘 띄지 않는 것에도 주의를 기울일 필요가 있다.

⑥ 체험에서 배운다는 착각 … 사람은 경험에서 가장 많은 것을 배우지만, 중요한 결정을 내리고도 대개는 그 영향이 장기간

에 걸쳐 나타나기 때문에 결과를 직접 경험하지 못한다.

⑦경영팀의 신화 … 경영팀은 조직의 여러 기능과 전문분야를 대표하는 유능하고 경험이 풍부한 관리직의 집단이어야 한다. 그러나 실제로 그들은 회사의 현상을 옹호하고 자신의 안전만을 위해 힘쓰는 유능하지만 무능한 사람들(경영진 스스로가 학습하는 것을 꺼려하면서도 엄청난 능력을 발휘하는 사람들의 집단)이다.

- 시스템적 사고에서 중요한 점은 레버리지의 원칙(구조의 어느 부분에 힘을 쏟고, 무엇을 바꾸면 결정적이면서도 지속적인 개선을 이룰 수 있을지)을 파악하는 것이다. ⇒ 시스템 사고의 최대 이점 : 매우 복잡한 상황에서 무엇이 가장 높은 레버리지인지를 구분할 수 있다.

- 시스템적 사고의 기술
복잡함 속에 잠재되어 있는 변화의 구조를 알아낼 것 ⇒ 높은 레버리지의 변화는 기본적인 전략의 전환을 의미한다

- 시스템적 사고의 법칙은,
①오늘의 문제는 어제의 '해결책'으로부터 발생한다
②시스템은 억누를수록 더 크게 반발한다(보상적 피드백)
③상황은 일단 호전된 후에 악화된다
④안이한 해결책으로 문제를 해결하면 곧 원래의 상태로 되돌아간다
⑤치료방법이 질병 그 자체보다도 문제가 될 때가 있다
⑥바쁠수록 돌아가라
⑦원인과 결과는 반드시 시간적, 공간적으로 근접해 있는 것은

아니다

⑧작은 변화가 큰 결과를 낳을 때가 있다. 하지만 한 번 효과를 봤던 방법은 종종 두 번째에는 통하지 않을 때가 있다

⑨케이크를 얻고, 맛볼 수 있다(동시에 두 가지 일을 하는 것은 불가능하지만)

⑩한 마리의 코끼리를 둘로 쪼개더라도 작은 코끼리 두 마리로는 만들 수 없다

⑪외부의 누군가가 당신에게 누명을 씌우지는 않는다

등이 있다

● 저자 약력

피터 M. 센지(Peter M. Senge)

매사추세츠공과대학(MIT) 경영학부 교수. 동 대학 '조직학습센터'의 이사를 역임했고 현재는 조직학습협회(SOL:Society for Organizational Learning)의 창설자 겸 초대 회장을 맡고 있다. 포드, DEC 등과 같은 많은 기업에 학습 조직의 이론과 실천방법을 소개하고 있다.

「최강 조직의 법칙」 목차 체계도

과제의 정의

학습조직이란 무엇인가?

7가지 학습장해

제1부 최강 조직의 조건

제1장 충분히 긴 지렛대가 있다면 한 손으로 세계를 움직여 보자(관리에서 창조로의 비약)
제2장 조직은 이렇게 사고한다(기업이 안고 있는 7가지의 학습장해)
제3장 시스템의 죄수, 사고의 죄수?(빌 게임의 교훈)

문제해결을 위한 5가지 디시플린

학습조직의 핵심 디시플린

장해 회피의 기초

제2부 시스템적 사고 혁명

① 시스템적 사고

제4장 시스템적 사고의 법칙
제5장 사고하는 방법을 바꾼다
제6장 감소를 지배하는 패턴을 파악한다
제7장 레버리지의 교훈
제8장 나무를 보고 숲도 본다

학습조직의 구축

제3부 학습조직의 구축

② 자기 통제 (개인의 시야를 항상 분명히 하고 넓혀 나갈 것)

제9장 자기 통제

③ 멘탈 모델의 극복 (기존의 틀에서 탈출)

제10장 멘탈 모델의 극복

④ 공유 비전 (기업의 근간을 이루는 아이디어를 육성한다)

제11장 공유 비전

⑤ 팀 학습 (의견 교환과 토의의 재조명)

제12장 팀 학습

학습조직의 응용

제4부 창조에의 과제

제13징 조직의 분권화
제14장 관리직의 시간
제15장 일과 가정의 대립이 끝난다

제5부 조직학습의 새로운 테크놀로지

제16장 마이크로 월드1
(미래의 경영전략에 내포된 위험성을 예측한다)
제17장 마이크로 월드2
(경영 문제의 전체상을 파악한다)
제18장 마이크로 월드3
(서비스업에서의 레버리지 발견)
제19장 새로운 리더십
(세 명의 최고경영자가 이야기하는 경영변혁의 신념)

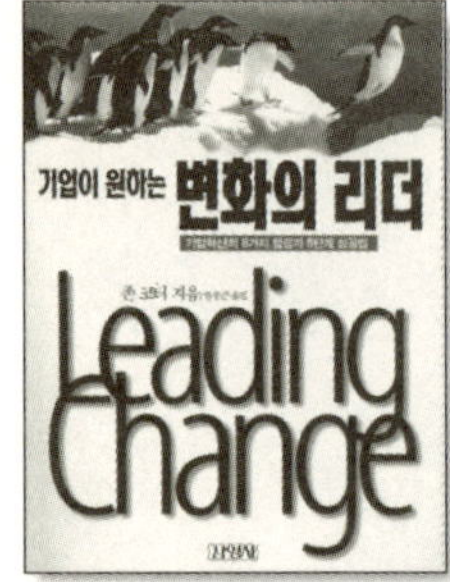

조직변혁을 진행하는 프로세스에 관한 연구

기업이 원하는
변화의 리더
Leading Change

존 P. 코터 著/한정곤 譯/김영사 刊

키워드	
	① 조직행동학
	② 리더십
	③ 조직(기업) 변혁

기능별 분류		
	제너럴 매니지먼트	○
	논리적 사고	
	기술경영 · 기업가 정신	○
	사람 (휴먼 리소스 · 조직행동)	◎
	물건 (마케팅)	
	돈 (회계 · 재무)	
	전략	○

경력별 분류		
	초급자	○
	중급자 (매니저)	○
	상급자 (시니어 매니저)	◎

 1분 해설

급격한 글로벌화가 진행됨에 따라 오늘날의 기업은 변화의 속도가 빠르고 서로간의 경쟁도 치열하다. 이러한 경영환경에서 기업이 제대로 대처하고 장해를 감소시키며 기회를 살려나가려면 대변혁이 필요하다. 대규모 변혁에는 리스트럭처링, 리엔지니어링, M&A, 문화변용 등 여러 방법이 있지만, 종래의 매니지먼트 기능을 구사하는 것만으로는 달성할 수 없다.

이 책은 종래의 매니지먼트 지상주의에서 탈피해 리더십을 중시하는 방향으로 전환해야 한다고 주장한 리더십론의 바이블이며, 변혁리더가 '강한 의지'와 '스킬'을 어떻게 활용해가야 하는지에 대해서 설명하고 있다.

 요지

개선과 개혁은 다르다. 즉, 계속적인 개선이 아닌 구조조정(인적조정이 아니라 사업의 재구축으로서의 리스트럭처링)이나 M&A 등과 함께 필요한 기업문화의 변혁을 추진할 때에는 종래의 관리자에 의한 매니지먼트가 아니라 리더의 리더십 발휘가 필수적이다. 이 책은 조직변혁의 단계를 8단계로 나누어 단계별로 설명하고 있다.

또한 이 책은 매니지먼트 능력과 리더십 능력은 명확히 다르다는 것을 전제로 하고 있다.

매니지먼트 능력이란 기업 내의 프로세스를 계획, 조정, 통합하는 기술을 말하는 것이고, 리더십 능력이란 새로운 문화를 지닌 조직을 창출한다든지 격렬하게 변하고 있는 환경에 현재의 조직을 적응시키기 위해서 기업문화를 바꾸는 기술을 말한다.

또한 이러한 역할의 차이와 함께, 앞으로는 조정만 능숙한 매니저가 아니라 리더십을 갖춘 매니저가 중시될 것이라고 주장하고 있다. 관리자로서 성공하는 길도 앞으로는 달라진다. 큰 조직 속에서 매니지먼트를 배워가며 승진을 해온 지금까지의 커리어패스(Career path)는 제대로 된 리더십 능력을 배양하기 어려웠다. 저자의 '21세기에서 성공을 거두는 커리어는 좀더 다이나믹할 것이다' 라는 주장은 회사라는 조직 안에서 일하고 있는 많은 사람들에게 시사하는 바가 크다.

 독서 메모

- 성공적인 변혁의 70~90%는 리더십에 의해 이루어지고 남은 10~30%가 매니지먼트에 의해 일어난다.
- 기업변혁이 실패하는 원인으로는 다음과 같은 8가지 이유를 들 수 있다.
  ① 종업원이 현실에 만족하는 것을 방치하는 것. 개혁을 위한 충분한 위기감을 조성하기 전에 변혁을 위한 계획을 진행시키는 것.
  ② 일부의 팀만이 움직이고 조직 전체가 변혁추진을 위한 연계를 구축하는 데 소홀히 하는 것.

③비전의 중요성을 과소평가하는 것. 비전은 다수의 인재를 뭉
   치게 하는 유일한 매체이다. '문제는 변혁을 추진하는 비전
   을 5분 이내에 설명할 수 없거나 종업원이 그것을 제대로 이
   해하지 못하는 것'에 있다.
④비전을 철저히 주지시키지 않는 것. 적절하게 구축된 비전에
   의해 조직원이 공통적인 인식을 지니기 전에 개혁을 진행해
   버리는 것.
⑤새로운 비전에 관련된 문제의 발생을 용인하는 것. 비전이 붕
   괴되면 변혁을 이룰 수 없다. 비전의 달성에 대한 신념에는
   통일성이 필요하고 비전에 부합되지 않는 예외를 용인하면
   금방 토대가 무너진다.
⑥단기적인 성과를 무시하는 것. 단기적인 성과는 종업원에게
   자신감을 주고 변혁의 방향성에 확신을 준다. 구체적인 목표
   와 스케줄이 들어 있는 계획을 설정하고 그 성과에 따라 위
   로, 승진, 승급 등과 같은 보상제도로 변혁에 일관성을 부여
   하는 일이 중요하다.
⑦성급하게 성공을 선언하는 것. 변혁이 제대로 정착되기 전에
   변혁에 성공했다고 인정해 버리는 것은 대단히 위험하다.
⑧변혁을 기업문화에 정착시키는 노력을 게을리 하는 것. 긴장
   감이 극에 달하는 위기상황에서의 행동이 아니라 평상시에도
   각자가 변혁에 대해서 제대로 납득하고 일관된 행동을 기대
   할 수 있는 상태에 이를 수 있도록 많은 신경을 써야 한다.

● 기업변혁이 실패하는 요인으로 말미암아 나타나는 현상은 다음
  의 5가지가 있다.

  ① 새롭게 입안된 전략이 제기능을 하지 못한다.

  ② M&A로 기대했던 상승효과가 발휘되지 못한다.

  ③ 리엔지니어링에 막대한 비용과 시간이 소요된다.

  ④ 다운사이징에 의한 비용절감효과가 발휘되지 못한다.

  ⑤ 품질향상 프로그램에 있어서도 목표가 달성되지 않는 등의
     결과를 낳는다.

● 변혁 비전을 세울 때 어려운 전문용어나 MBA과정에서 배우는
  표현을 사용해서는 안 된다. 명확하고 알기 쉬운 표현으로 누구
  에게나 전달할 수 있도록 해야 한다.

●저자 약력

존 P. 코터(John P. Kotter)

하버드 비즈니스스쿨 교수. 매사추세츠주 캠브리지시에 설립된 코
터 어소시에이츠의 창립자 겸 회장. MIT와 하버드대학을 졸업한 후
1972년부터 하버드 비즈니스스쿨에서 교편을 잡고 있다. 1980년에
33세라는 젊은 나이로 종신교수가 되고 하버드대학 역사상 최연소로
정교수가 되는 영예를 안았다.

조직 변혁 프로세스

'레빈'의 조직변혁 단계	'코터'의 기업변혁 8단계	To Do
1. 해동 (인식의 공유)	①기업 내에서 변혁의 필요성을 철저히 주지 실행현장의 전 종업원의 위기의식을 고취	시장분석, 경쟁분석, 자사분석
	②매니지먼트층의 케미트먼트(연계팀의 형성) 매니지먼트층에도 변혁의 중요성을 이해시키고 실행지원을 촉구	경영진이 참가하는 변혁그룹을 결성
2. 동결 (변혁의 실행)	③비전과 전략의 작성 변혁의 방향성을 나타내는 비전과 전략을 책정	비전, 전략의 책정
	④비전의 전달 비전과 전략을 조직에 침투시킨다	변혁추진팀의 실적에 근거한 행동양식
	⑤비전실현의 지원(권한 위임) 직원의 비전 실현을 지원	문제점의 배제(제도 등을 포함한 과제)
	⑥단기적 성과를 위한 계획과 실행 효과 측정으로 변혁에 대한 조직의 모티베이션 (동기부여)을 유지	계획의 수립, 결과의 보고, 표창제도
3. 재동결 (변혁행동의 정착)	⑦성과의 정착과 또 다른 변혁의 실현 비전과 전략에 부합되지 않는 과제를 배제하고 개선시킨다	새로운 제도에 근거한 경영
	⑧새로운 어프로치의 정착 새로운 행동양식과 성과의 인과관계를 명확히 하고 제도화 한다	구체적인 행동양식, 리더십

「기업이 원하는 변화의 리더」 목차 체계도

기업변혁의 기초

제1부
기업의 경영혁신, 왜 실패하는가?

기업변혁의 문제

제1장 변화를 망치는 여덟가지 실수

성공하는 기업변혁의 요소와 프로세스

제2장 왜 다시 경영혁신인가?

기업변혁의 실천 프로세스	기업변혁의 미래

제2부
변화를 성공으로 이끄는
8단계 과정

제3부
21세기는 우리에게 무엇을
요구하는가

① **위기의식을 고취한다**

제3장 위기감 조성

미래의 성공적인
기업상(企業像)

제11장 앞서가는 기업의 조건

② **변혁추진을 위한 연계(連繫)팀**
을 구축한다

제4장 강력한 팀의 구성

장래의 리더십상
과 계속적인 교육

제12장 자기개발의 핵심,
리더십과 평생학습

③ **비전과 전략을 생각해 낸다**

제5장 비전과 전략의 개발

④ **변혁을 위한 비전을 철저히 주**
지시킨다

제6장 새로운 비전을 널리 알리기

⑤ **종업원의 자발적인 참여를 유도한다**

제7장 부하직원의 권한 넓혀주기

⑥ **단기적 성과를 실현한다**

제8장 단기간에 가시적 성과얻기

⑦ **성과를 근거로 새로운 변혁을**
추진한다

제9장 프로젝트의 본격적인 추진

⑧ **새로운 방법을 기업문화에 정착**
시킨다

제10장 새로운 제도의 정착

제**5**장 물건(마케팅)

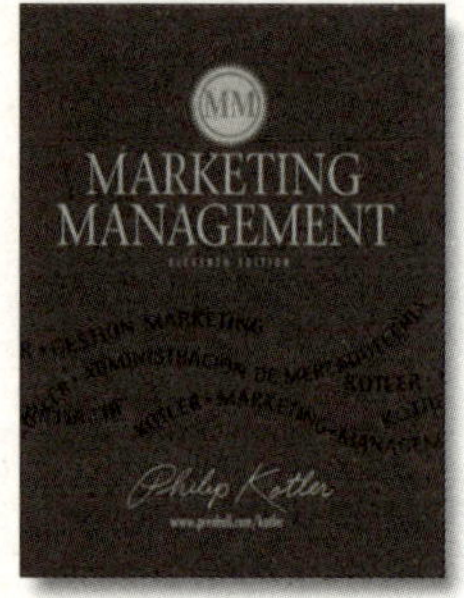

마케팅영역 전체의 체계서

마케팅 매니지먼트 밀레니엄판
MARKETING MANAGEMENT THE MILLENIUM EDITION

필립 코틀러 著

키워드	
	❶ 마케팅
	❷ 타깃마케팅
	❸ 마케팅믹스

기능별 분류		
	제너럴 매니지먼트	○
	논리적 사고	
	기술경영 · 기업가 정신	○
	사람 (휴먼 리소스 · 조직행동)	○
	물건 (마케팅)	◎
	돈 (회계 · 재무)	○
	전략	○

경력별 분류		
	초급자	○
	중급자 (매니저)	◎
	상급자 (시니어 매니저)	●

1분 해설

　이 책은 너무도 유명한 마케팅계의 거장 필립 코틀러가 저술한 마케팅 분야의 바이블이다. 코틀러는 이 책 외에도 많은 책을 저술했는데, 그 중 《마케팅 원리》가 가장 유명하다. 그러나 세계의 여러 비즈니스스쿨에서 마케팅 교과서로 널리 사용되는 것은 바로 이 책이다.

　이 책은 1967년에 초판이 간행된 이래, 마케팅계의 바이블로서 군림해 왔는데 내용의 방대함과 풍부한 사례의 제시는 다른 어떤 마케팅 관련서적에도 뒤지지 않는다. 이 말은 이 책이 매우 체계적이라는 것을 의미하고 있지만 너무 넓은 영역을 다루고 있기 때문에 안이하게 참고용으로 읽었다가는 전체상을 제대로 파악하지 못할 우려도 있다.

　한편, 이 책(제10판)은 새로운 밀레니엄의 시작인 2000년에 출판되었기 때문에 밀레니엄판으로 불리고 있으며 인터넷이나 전자상거래 등에 의해 변해가는 시장이나 마케팅의 세계에 관해서도 많은 사례를 소개하고 있다.

요지

　이 밀레니엄판도 내용의 방대함, 체계적으로 짜여진 이론과 실천적 통찰(洞察)의 깊이, 그리고 그 이론의 설명에 이용된 풍부한 사례로 '마케팅의 바이블'이라는 지위를 확고히 하고 있다. 이 책은 마케팅의 기초와 전제를 살핀 후에 환경분석, 마케팅전략, 그리고 전술의 수립과 관리라는 순서로 전개되고 있다.

즉, ①환경 분석을 SWOT(강점, 약점, 기회, 위협)분석으로 살펴본 후, ②타깃 마케팅(세그멘테이션, 타깃팅, 포지셔닝)의 전략을 가다듬은 후에, ③그 전략에 근거한 전술(마케팅 믹스 : 4P)을 생각하고, 마지막으로 ④구체적으로 현장을 관리하는 조직경영과 실행평가 및 통제와 같은 오퍼레이션 상의 과제를 검토하는 형식으로 전개되고 있다. 인터넷을 활용한 마케팅뿐만 아니라 고객유지의 마케팅, 서비스 마케팅 등 경영환경의 변화에 따른 마케팅전략과 그 기법에 대해서도 많은 페이지를 할애하고 있다.

오늘날에는 시장의 크기가 확대되지 않은 와중에 경쟁이 나날이 치열해져 정보획득 인프라의 정비와 고객유지의 중요성이 강조되고 있다. 그래서 고객이 좀더 높은 가치를 제공해 주는 기업으로 이동하는 것은 피할 수 없다. 이런 상황에서는 신규 고객을 획득하는 것보다는 기존 고객을 유지하는 것이 중요하고, 단순한 시장 점유율이 아니라 중요 고객을 제대로 파악하여 그 고객의 생애가치를 평가함으로써 특정고객 점유율을 높이는 것이 중요하다고 설명하고 있다. 이 책을 체계적으로 이해하고 활용할 수 있다면 전략과 전술을 항상 변함없이 진행할 수 있을 뿐 아니라 중복과 누락이 없는 마케팅전략을 구축하고 실행할 수 있을 것이다.

 독서 메모

마케팅은 인간의 '니즈(Needs)와 원츠(Wants)'에서 출발한다.

- '니즈란 인간이 생활하는 데 필요한 충족상황이 결여된 상태'를 말하고, '원츠는 그 니즈를 충족하는(특정의) 물건을 필요로 하는 욕망'을 말한다. 그리고 그 니즈와 원츠를 충족할 수 있는 것을 제품이라고 한다.

- 마케팅 매니지먼트의 과정은
  ①마케팅 기회 분석
  ②목표 시장의 조사와 선정
  ③마케팅 전략의 입안
  ④마케팅 프로세스의 입안
  ⑤마케팅 활동의 조직화, 실행, 통제
  등과 같은 순서를 말한다.

- 오늘날 전략적 마케팅의 핵심은 STP마케팅(S:세그멘테이션, T:타깃팅, P:포지셔닝)이다.

- 노려야 할 시장을 압축하는 기준으로는 지리, 인구, 심리, 행동의 4가지 변수가 있다.

- 신제품 개발은,
  ①아이디어의 창출
  ②아이디어의 스크리닝
  ③컨셉트 개발과 테스트
  ④마케팅전략의 입안
  ⑤사업 분석

⑥제품 개발

⑦시장 테스트

⑧상품화

등과 같은 프로세스를 거쳐 실행된다.

● 기업을 성장시키기 위해서는 사원이나 파트너의 의식을 성장지향적으로 바꿀 필요가 있다.

● 성장지향 : 현재 다루고 있는 제품이나 현시점에서의 컨셉트를 발상의 출발점으로 삼는(인사이드 · 아웃 사고(思考)) 것이 아니라 기존 혹은 신규고객이 여태껏 만족하고 있지 못하는 니즈를 파악하고 그것을 충족시키는 것(아웃사이드 · 인 사고)으로 성장을 지향해야 한다.

차별화의 방법　포지셔닝을 생각한 후에 타사와의 차별화를 도모하기 위한 요인

차별화의 방법	내　　　　용
1. 제품	특징, 성능, 적합성, 내구성, 신뢰성, 수리 가능성, 스타일(패키징을 포함), 디자인(※코틀러가 말하는 디자인이란, 흔히 말하는 외견이나 스타일이 아니라 그러한 제품차별화의 특징을 통합한 소위 '제품설계'를 지칭한다)
2. 서비스	배달, 설치, 고객 트레이닝, 컨설팅 서비스, 수리, 그 외 품질보증이나 유지보수 계약, 로열티 프로그램 등
3. 스태프	컴피턴스(능력:지식과 스킬), 친절도, 확실성, 신뢰성, 신속한 대응, 커뮤니케이션 스킬
4. 이미지	심벌(물건이나 유명인의 브랜드 등), 문장(文章)과 AV미디어(광고작품, 결산보고서, 카탈로그, 봉투나 편지지, 명함 등), 분위기(건축 디자인이나 인테리어, 레이아웃, 색채 등), 이벤트(올림픽과 같은 각종 대회나 사회사업의 스폰서가 되는 것 등)

●저자 약력

필립 코틀러(Philip Kotler)

마케팅의 세계적 권위자. 노스웨스턴대학 켈로그스쿨 오브 매니지
먼트에서 교편을 잡고 있으며 IBM, GE 등과 같은 기업의 컨설팅 업
무를 수행. 드러커재단의 이사도 겸하고 있음. 수많은 상을 수상.

「마케팅 매니지먼트 밀레니엄판」 목차 체계도

(1) 전제의 파악

① 기초
역할, 정의(고객가치, 고객만족)

제1부 마케팅 매니지먼트의 이해

- 제1장 21세기의 마케팅
- 제2장 고객만족, 고객가치 그리고 고객유지의 확립
- 제3장 시장에서의 승리 : 시장지향형 전략계획

(2) 전략의 수립

② 환경분석
세그멘테이션~타깃팅

제2부 마케팅 기회의 분석

- 제4장 정보수집과 시장수요의 측정
- 제5장 마케팅 환경의 관찰
- 제6장 소비자시장과 구매자행동의 분석
- 제7장 비즈니스시장과 기업의 구매행동
- 제8장 경쟁에의 대처
- 제9장 세분시장 명확화와 표적시장의 선택

③ 전략의 결정
포지셔닝

제3부 마케팅전략의 입안

- 제10장 제품 라이프사이클과 제품 포지셔닝
- 제11장 신제품의 개발
- 제12장 글로벌시장에서의 마케팅

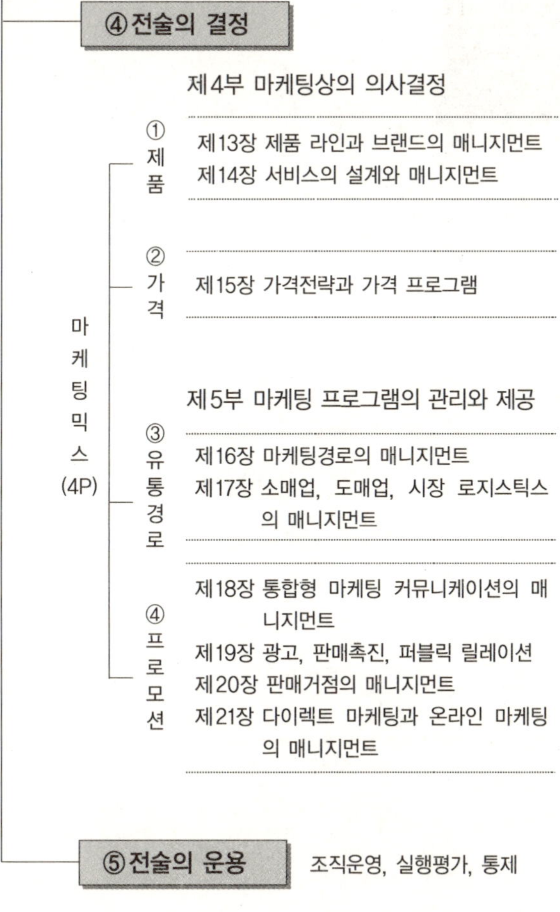
(3) 전술의 수립과 추진
④전술의 결정
제4부 마케팅상의 의사결정
① 제품
제13장 제품 라인과 브랜드의 매니지먼트
제14장 서비스의 설계와 매니지먼트
② 가격
제15장 가격전략과 가격 프로그램
마케팅믹스 (4P)
제5부 마케팅 프로그램의 관리와 제공
③ 유통경로
제16장 마케팅경로의 매니지먼트
제17장 소매업, 도매업, 시장 로지스틱스의 매니지먼트
④ 프로모션
제18장 통합형 마케팅 커뮤니케이션의 매니지먼트
제19장 광고, 판매촉진, 퍼블릭 릴레이션
제20장 판매거점의 매니지먼트
제21장 다이렉트 마케팅과 온라인 마케팅의 매니지먼트
⑤전술의 운용
조직운영, 실행평가, 통제
실행관리
제22장 토탈 마케팅 매니지먼트

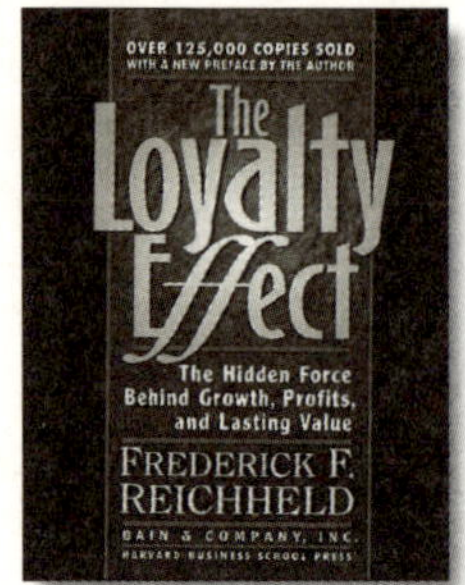

마케팅영역의 '고객로열티'에 관한 연구

고객로열티 매니지먼트
The Loyalty Effect

프레드릭 F. 라이크헬드 著

키워드	
	❶ 마케팅
	❷ 고객유지
	❸ 고객로열티
	❹ CRM(customer relation marketing)

기능별 분류		
	제너럴 매니지먼트	
	논리적 사고	○
	기술경영 · 기업가 정신	
	사람(휴먼 리소스 · 조직행동)	○
	물건(마케팅)	◎
	돈(회계 · 재무)	○
	전략	○

경력별 분류		
	초급자	○
	중급자(매니저)	○
	상급자(시니어 매니저)	◎

 ## 1분 해설

고객만족(CS:Customer Satisfaction)이란 단어를 오랜만에 들어볼 것이다. 하지만 과연 종래의 고객만족이 자사의 이익향상에 어느 정도 기여하고 있을까? 이것은 어느 시대의 어떠한 경영자라도 느끼는 의문일 것이다.

이 책은 이러한 의문의 답을 제공하기 위해서 '고객로열티'라는 개념을 거론하고, 고객로열티의 매니지먼트를 통해 달성되는 '고객유지'가 기업의 수익에 직결된다고 주장한다.

쉬운 예로 항공회사의 마일리지에서부터 레스토랑이나 슈퍼마켓의 포인트 제도, 그리고 부유층을 겨냥한 프라이빗 뱅킹 부문의 확장까지 특정 고객층을 겨냥한 예를 자주 접할 수 있다. 이 책은 1998년에 출판되었는데, 이처럼 마케팅의 목표를 특정 고객으로 압축하고 그런 고객에게 집중된 유지정책이 장기적으로 기업의 이익으로 이어진다는 것이 주목받는 계기가 된 원전(原典)이다.

 ## 요지

이 책은 '로열티야말로 기업 가치를 향상시키는 중요한 지침'이라는 전제 하에서 최종적인 고객유지를 위해서 우량 고객뿐만 아니라 사원이나 주주와 같은 이해관계자를 포함한 주요 고객을 신중하게 선택하고 유지함으로써 지속적인 수익확대의 경영모델을 실현해야 한다는 것을 제창한 책이다.

절대로 모든 고객의 희망을 충족시킨다든지 모든 사원이나 주주의 만족도를 높이는 것이 아니라, 마케팅에서의 시장 세분화나 표적시장의 압축과 마찬가지로 어떤 고객, 종업원, 주주가 자사에게 이상적인지 파악하고 그들과 지속적인 관계를 구축해 가야하는지에 대해서 우선 방침을 정하고 고객을 선별할 필요가 있다고 저자는 강조하고 있다.

저자는 또, 로열티에는 '고객로열티', '사원로열티', '주주로열티'와 같은 3가지 차원이 있으며, 고객, 사원, 주주와의 장기적인 우호관계를 구축하고 로열티를 높여가는 것이 사업 성공의 열쇠라고 말하고 있다. 그리고 이를 위한 요소로는 아래의 8가지가 있다고 주장한다.

①고객에게 우수한 소구가치(訴求價値)를 제공한다

②적절한 고객을 선택한다

③고객로열티를 획득한다

④적절한 사원을 고용한다

⑤사원의 로열티를 획득한다

⑥고객과 사원의 높은 로열티에서 창출되는 높은 생산성으로 코스트 경쟁력을 확보한다

⑦적절한 주주를 선택한다

⑧주주로열티를 획득한다

저자가 맥킨지와 어깨를 나란히 하는 세계 굴지의 전략계 컨설팅 회사인 '베인 앤 컴퍼니'의 명예 디렉터인 것에서도 알 수 있듯이, 이 책은 단순한 이론서가 아니라 실제의 수치를 포함한 풍부한 사례가 들어 있고 독자가 이해하기 쉽게 쓰여 있다.

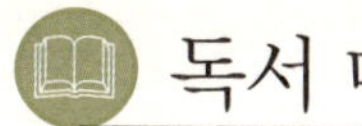

독서 메모

- 통상적으로 기업은 연간 10~30%의 기존 고객을 잃고 있으며, 종업원의 이직률이 15~25%에 달하며, 주주의 이탈도 평균적으로 50%를 넘고 있다.

- 고객유지율이 5% 증가하면 고객의 순현재가치(NPV)를 35%(소프트웨어업계)에서 95%(광고대행업계) 개선시킨다.

- 우선 어떤 고객, 사원, 주주의 로열티를 향상시킬지 결정해야 한다.

- 선별된 이해관계자 그룹에게 어떤 종류 혹은 어느 정도의 가치를 경쟁 회사와 다르게 제공해야 할지 결정한다.

- 선별 기준은 비용대비 효과 즉, 총 고객 수가 아니라 장기적인 구매를 하는 우량 고객층의 선별과 집중에 의한 효과를 중시한다.

- 단기적인 이익이 아니라 고객의 생애가치를 높일 수 있는 가격 정책, 제품이나 서비스의 구색, 사원의 보상제도, 서비스 수준 등을 정한다.

- 고객 세분화의 정도에 따라, 평균 고객유지율이 72%에서 90%를 오르내린다(2% 할인받기 위해서 경쟁 기업으로 옮겨가는 고객이 있는가 하면, 20%의 할인에도 움직이지 않는 고객도 있다).

- 어느 증권회사가 브로커 정착율을 80%에서 90%로 10% 포인트 향상시켰더니 이익이 55%나 향상되었다.

- 어느 패스트푸드의 체인점에서는 이직율이 낮은 점포(평균 100%)가 이직율이 높은 점포(평균 150%)에 비해서 이익율이 50% 높았다.
- 종업원의 보수와 생산성의 불일치는 관료주의에서 비롯된다.
- 실패(고객이탈)의 근원적인 이유는 '왜'를 다섯 번 반복해서 물으면 알 수 있다.
- 고객만족과 고객로열티에는 큰 차이가 있다.
- 자동차 판매업계에서는 고객의 90%가 현재 만족 또는 매우 만족하고 있으나 업계의 재구매율은 30~40%에 불과하다.
- 로열티 평가관리에는 두 종류의 보고서를 이용한다. 하나는 '인적자본 밸런스시트'이고 또 하나는 '가치흐름계산서'이다.
- 재무회계의 손익계산서가 '기업→주주'의 가치흐름만 나타내고 있는 것에 비해, 가치흐름계산서는 '기업→고객', '기업→사원', '고객→기업', '사원→기업', '주주→기업'과 같은 5가지 가치흐름을 체계적으로 관찰할 수 있다.
- 이탈하는 고객의 60%에서 80%가 이탈하기 이전의 앙케이트 조사에서 만족 또는 매우 만족하고 있다고 회답했다.
- 고객로열티를 고려할 때 중요한 것은 비용과 이익의 균형이다.

●저자 약력

프레드릭 F. 라이크헬드(Fredrick F. Reichheld)

베인 앤 컴퍼니 명예 디렉터. 하버드대학을 졸업한 후 하버드 비즈
니스스쿨에서 MBA취득. 로열티 연구 분야의 권위자로서 서구의 많
은 주요 기업의 컨설팅을 맡고 있음. 하버드비즈니스리뷰, 월스트리
트저널에도 다수의 논문을 발표.

「고객로열티 매니지먼트」 목차 체계도

(1) 로열티의 중요성

제1장 지속적인 성장을
실현하는 로열티와 기업가치

사례1 성공사례

제2장 선진기업의 전략에서
배우는 고객소구가치의 전환

사례2 측정증명

제3장 생애이익에 근거해서
의사결정을 하는 고객로열티
의 경제성

로열티 매니지먼트의 프로세스

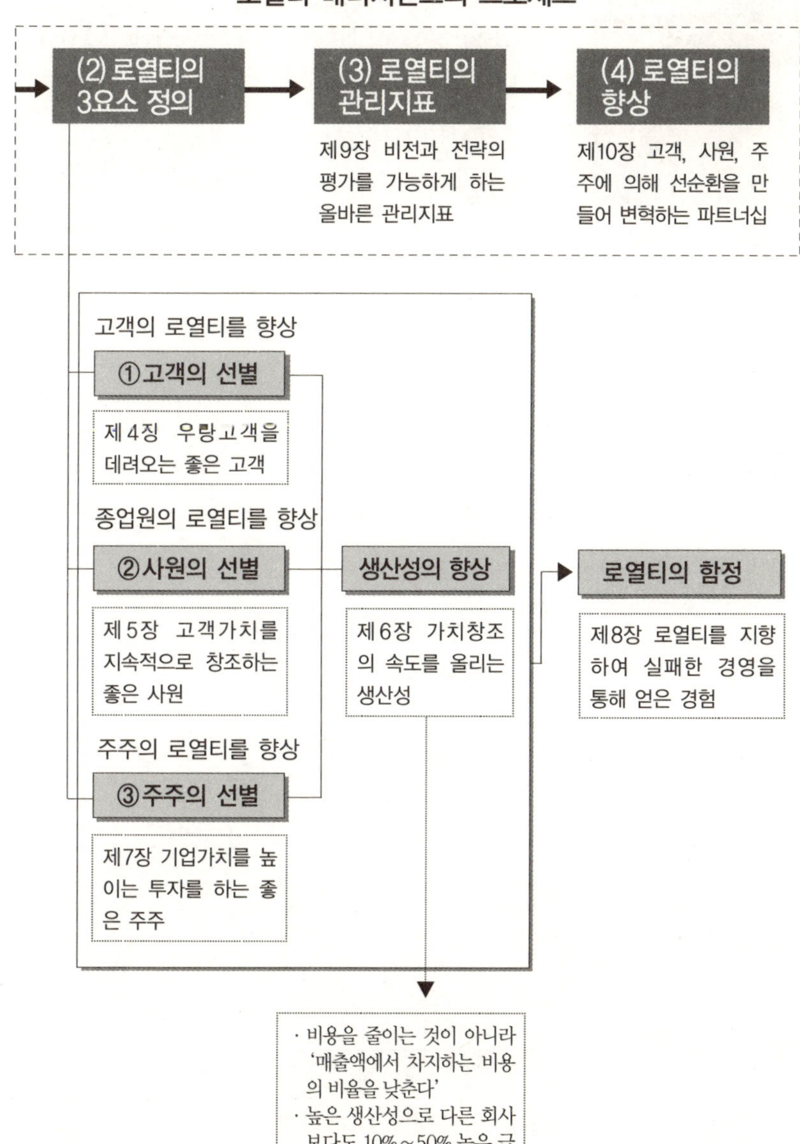

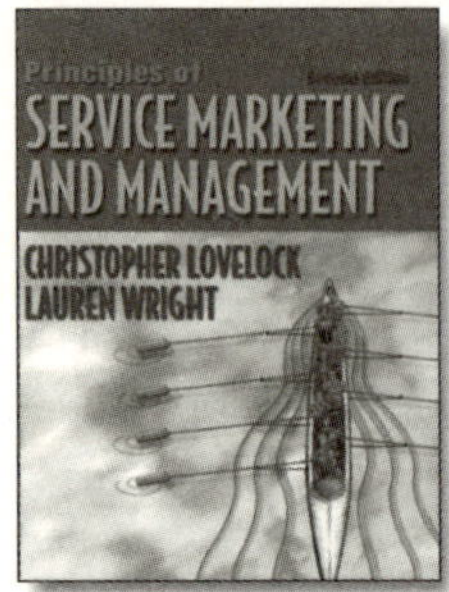

서비스에 특화한 마케팅의 체계서

서비스마케팅 원리
Principles of SERVICE MARKETING AND MANAGEMENT

크리스토퍼 러브록, 로렌 라이트 共著

🖱 **키워드**	❶ 마케팅
	❷ 서비스마케팅

🔧 **기능별 분류**	제너럴 매니지먼트	
	논리적 사고	
	기술경영 · 기업가 정신	
	사람(휴먼 리소스 · 조직행동)	○
	물건(마케팅)	◎
	돈(회계 · 재무)	
	전략	

🎖 **경력별 분류**	초급자	○
	중급자(매니저)	○
	상급자(시니어 매니저)	◎

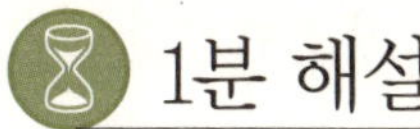 1분 해설

전후 50년간 세계의 산업구조는 커다란 변천을 거쳐왔다. 많은 나라에서 경제의 대부분을 서비스산업이 차지하게 되었고 신규 고용의 대다수를 창출하고 있다. 실제로 서비스분야는 개발도상국 경제의 절반 이상을, 선진국의 경우는 70% 이상을 차지하고 있다.

이러한 환경 속에서 서비스 마케팅에 대해서 본격적인 연구가 시작된 것은 1970년대부터라고 여겨지고 있다. 하지만 이처럼 주목을 받아 온 서비스 마케팅이지만 의외로 세계의 비즈니스스쿨에서 주요 커리큘럼으로 채택된 것은 1990년대부터다.

이 책은 서비스 마케팅의 권위지이자 이 영역에서 확고한 지위를 구축한 러브록이 서비스연구의 통합적 어프로치를 체계적으로 제시한 대작이라 할 수 있다. 서비스가 지니는 특성 때문에 마케팅 분야뿐만 아니라 오퍼레이션과 인적자원관리의 세 분야를 통합한 서비스 매니지먼트를 구축한 서적으로 평가받고 있다.

 요지

이 책은 흔히 콤팩트 사이즈의 서비스 매니지먼트판 '코틀러의 마케팅 매니지먼트' 라고 할 정도로, 서비스 품질평가의 세계 표준이라 할 수 있는 SERVQUAL 품질평가 기준에 관한 개요 등 서비스 마케팅에 관한 여러 이론적인 틀을 체계적으로 다루고 있다.

이 책에서 저자는 모든 서비스가 동일한 것은 아니지만 중요한 특성에 관해서는 공통된 점이 있다고 주장한다. 하지만 서비스의 본질을 이해하고 자사가 제공해야 할 서비스의 내용과 수준을 고려한 후에 서비스를 몇 가지 카테고리로 분류해서 각각의 분류에 적합한 대응책을 강구하는 것이 중요하다고 설명하고 있다.

또한 직접 서비스를 실천하는 현장 매니저는 그가 어떤 종류의 일에 종사하고 있더라도 ①마케팅 ②오퍼레이션 ③인적자원관리와 같은 3가지 직능이 서로 연결되어 있다는 것을 충분히 이해해야 서비스를 제대로 실천할 수 있다고 한다.

이 책에서는 서비스 마케팅의 각론을 자세히 설명하고 서비스 마케팅전략의 구축(서비스 마케팅 믹스의 구축)에 관해 설명한 후에, 마지막 부분에서 현장 매니지먼트의 통합에 대해서 설명한다.

즉, 수요와 공급의 예측과 대응에 관한 매니지먼트, 서비스 매니지먼트에서 특히 중요시되는 시간관리에 필요한 고객 대기와 예약에 관한 매니지먼트, 그리고 고객접점에서 활약하는 종업원의 채용과 인재유지에 관한 현장 인적자원관리와 같은 현장 매니지먼트의 통합으로 구성되어 있다.

독서 메모

- 서비스는 그 프로세스의 차이로 인해 다음과 같은 4가지로 분류된다.

  ①사람의 신체와 물리적인 접촉이 있는 것 (미장원, 여객운수 등)

  ②물리적 대상물에 관련된 것 (세탁소, 화물운송 등)

  ③사람의 마음, 정신, 두뇌에 관련된 것 (교육, 엔터테인먼트 등)

  ④정보에 관련된 것 (회계, 보험 등)

- 고객은 구매과정에서 다음과 같은 3가지 단계를 거친다.

  ①구매 전 : 니즈인식, 정보탐색, 대안의 평가

  ②서비스 구매 : 서비스의 요청, 딜리버리

  ③구매 후 : 실적의 평가, 앞으로의 의향

  이 때 핵심 제품과 보조적 서비스는 가치와 품질을 가져다줄 수 있도록 설계해야 한다.

- 생산성과 품질은 동전의 양면과 같다 (비용대비 효과)

- 고객만족은 '지각된 서비스 ÷ 기대된 서비스' 와 같은 공식으로 정의된다.

- 높은 서비스 품질을 실현하는 조직은 고객과 종업원 쌍방의 목소리에 귀를 기울이고 있다.

- 고객로열티를 향상시키기 위해서는 고객 선별과 가치의 내용을 검토할 필요가 있다.

- 불만 혹은 고충처리는 로열티 유지에 중요한 요소이다.

- 점포나 서비스에 관한 불만을 기업의 본사 혹은 본부가 파악하고 있는 비율은 5%에 지나지 않는다.

- 불만이 만족스럽게 해결될 경우, 재구매 의향은 69~80%(불만족스럽게 해결될 경우의 재구매 의향은 17~32%)로 향상된다.
- 서비스 딜리버리 전략의 핵심은 ①언제 ②어디서 ③어떻게 제공할 것인가이다.
- 가격을 결정하는 요소에는 여러 가지가 있다.

  예: 극장의 티켓 (①좌석의 위치 ②공연시간 ③공연에 드는 비용 ④공연의 인기도)
- 고객을 교육시키기 위해서는

  ①잠재고객에의 정보제공과 교육

  ②대상고객의 설득

  ③고객의 상기와 동기부여

  ④기존 고객과의 관계유지와 정보제공

  을 행할 필요가 있다.
- 서비스의 수요변동에 대해서는 공급체제를 정비하여 대응해야 한다.
- 대기 순서는 먼저 온 순서가 원칙이지만 고객의 특성에 따라 순서가 바뀔 수도 있는데, 그 때의 원칙은 ①긴급성 ②소요시간 ③지불가격 ④고객의 중요도 등으로 정할 수 있다.
- ①제안에 의한 참가 ②직무설계에 참가 ③경영 참가 등에 따라 단계적으로 권한을 위임하여 종업원 참여의 수준을 나누는 것이 종업원 로열티 향상에 도움이 된다.
- 종업원의 릴레이션과 고객의 릴레이션은 비례한다.

●저자 약력

크리스토퍼 러브록(Christopher Lovelock)

서비스 마케팅 분야의 권위자. 하버드 비즈니스스쿨을 시작으로 여러 비즈니스스쿨에서 강의를 하면서 100가지가 넘는 사례연구를 해왔음. 하버드 비즈니스스쿨에서 MBA를, 스탠포드대학에서 박사학위를 취득.

「서비스 마케팅 원리」 목차 체계도

서비스의 중요성

제1부 서비스의 이해

서비스의 환경분석

제1장 왜 서비스를 배우는가?
제2장 서비스 프로세스의 이해
제3장 고객접촉
제4장 고객의 관점에서 바라본 서비스

제2부 서비스에 의한 가치의 창조

서비스 향상과 효과

제5장 생산성과 품질:동전의 양면
제6장 릴레이션 매니지먼트
제7장 불만 처리와 서비스 회복

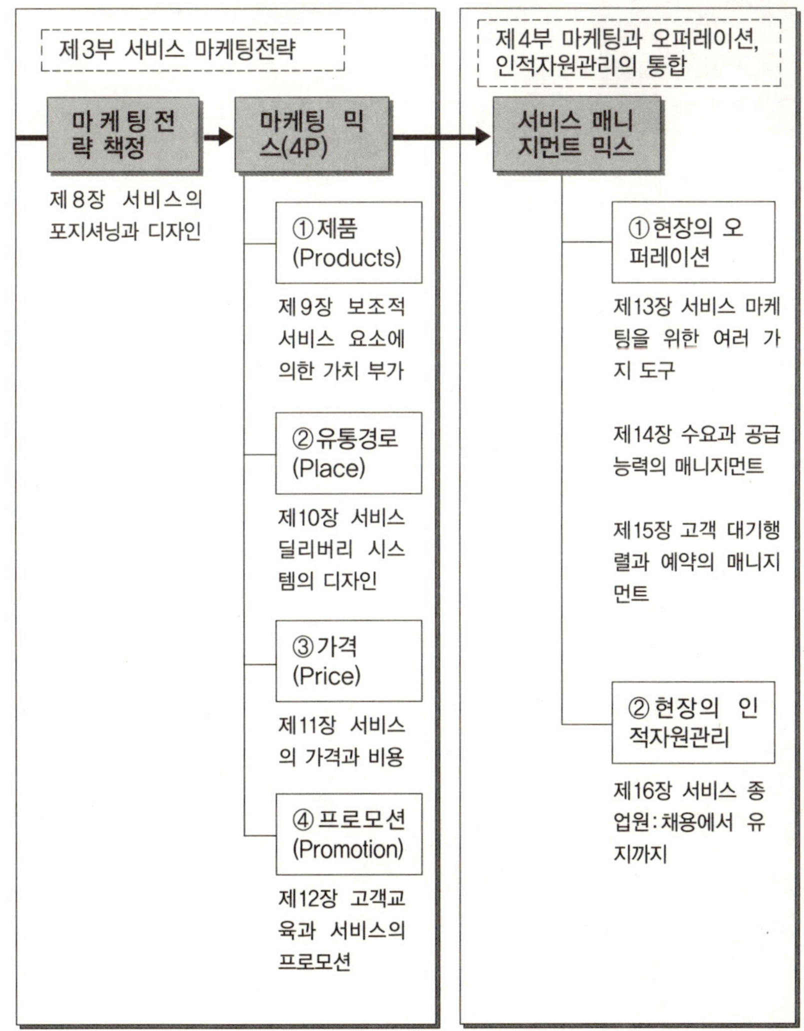
전략과 전략에 근거한 전술
다른 매니지먼트와의 통합
제3부 서비스 마케팅전략
제4부 마케팅과 오퍼레이션, 인적자원관리의 통합
마케팅전략 책정
마케팅 믹스(4P)
서비스 매니지먼트 믹스
제8장 서비스의 포지셔닝과 디자인
①제품(Products)
제9장 보조적 서비스 요소에 의한 가치 부가
②유통경로(Place)
제10장 서비스 딜리버리 시스템의 디자인
③가격(Price)
제11장 서비스의 가격과 비용
④프로모션(Promotion)
제12장 고객교육과 서비스의 프로모션
①현장의 오퍼레이션
제13장 서비스 마케팅을 위한 여러 가지 도구
제14장 수요과 공급능력의 매니지먼트
제15장 고객 대기행렬과 예약의 매니지먼트
②현장의 인적자원관리
제16장 서비스 종업원:채용에서 유지까지

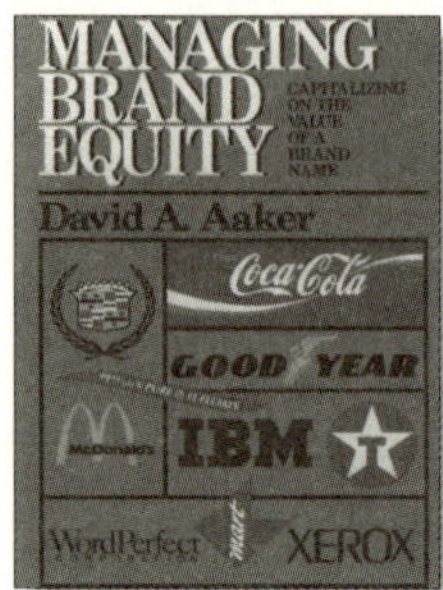

마케팅영역의 '브랜드'에 관한 연구

브랜드 에퀴티전략

경쟁우위를 구축하는 이름, 심벌, 슬로건
MANAGING BRAND EQUITY

D.A.아커 著

🖱 키워드	
	❶ 마케팅
	❷ 브랜드
	❸ 로열티
	❹ 고객유지

🔧 기능별 분류		
	제너럴 매니지먼트	
	논리적 사고	
	기술경영 · 기업가 정신	○
	사람 (휴먼 리소스 · 조직행동)	
	물건 (마케팅)	◎
	돈 (회계 · 재무)	○
	전략	○

🎖 경력별 분류		
	초급자	○
	중급자 (매니저)	○
	상급자 (시니어 매니저)	◎

 ## 1분 해설

경쟁이 격화되고 제품의 차별화가 점점 어려워지는 환경 속에서 기업 혹은 서비스의 브랜드가 고객에게 미치는 영향은 점점 커지고 있다. 하지만 한편으로는 새로운 브랜드의 확립이 어렵고 비용도 많이 드는 것도 사실이다. 단순한 가격조정에 의한 프로모션 역시 상품의 일용품화를 재촉하여 기대수익을 줄이는 결과를 낳는다.

이러한 상황에서는 지속적인 경쟁우위를 가능케 하는 브랜드를 어떻게 확립하고 그 가치를 높일 것인지가 중요하다. 이에 관한 바이블은 브랜드 매니지먼트의 일인자인 D.A. 아커가 1991년 쓴, 바로 이 책이다.

 ## 요지

우리가 일상생활에서 무심코 활용하는 '브랜드'라는 말은 단순히 어떤 것을 다른 것과 구별하기 위해 존재하는 것이 아니라 제품이나 서비스를 좀더 빠르고 확실하게 인지시키기 위한 심벌이 되어가고 있다. 브랜드가 기업을 합병 혹은 매수할 때 고액으로 평가받는 우수한 자산으로 여겨지고, 매매 대상으로 여겨지고 있는 것을 보더라도 브랜드는 기업의 경영전략 측면에서 중요한 자산이라 할 수 있다.

아커는 기업에게 중요한 이러한 자산을 '브랜드 에쿼티(Brand Equity)'라는 개념으로 설명했다. 이것은 브랜드 이름이나 심벌에 의한 긍정적 혹은 부정적 자산가치를 정의한 것이다.

이 책은 먼저 브랜드 에퀴티를 정의하고, 그것이 어떤 식으로 가치를 형성하는지를 보여 준다. 또 어떤 마케팅 상의 의사결정에 의해 가치가 생겨나고 혹은 상실되는지를 나타내는 조사결과나 사례를 보여 준다. 또한 이 책은 브랜드 에퀴티를 관리하고 이용하는 방법, 관리자가 전략적으로 생각해야만 할 문제점도 제시하고 있다.

일반적으로 가치의 인식은 개인에 따라 차이가 있다고 한다. 저자는 이 책에서 자사의 브랜드 가치를 효과적으로 활용하려면 자사의 이념이나 비전, 전략과 같은 정체성을 명확하게 함축시켜 일관성 있는 브랜드 전략체계를 구축해야 한다고 설명하고 있다.

 독서 메모

- 브랜드 에퀴티란 브랜드 그 자체의 이름이나, 심벌과 연관된 브랜드의 자산이나 부채의 집합을 말한다.
- 브랜드 에퀴티는,
  ① 브랜드 로열티(브랜드에의 충성)
  ② 브랜드 인지(브랜드가 널리 알려진 것)
  ③ 지각품질(품질에 대해 느끼는 것)
  ④ 브랜드 연상(브랜드와 연관된 '특정의 연상')
  ⑤ 다른 소유권이 있는 브랜드 자산(특허, 상표 등)
  의 5가지 범주로 구성된다.
- 브랜드 로열티란 고객이 브랜드에 대해 가지는 애정의 척도이며 고객이 다른 브랜드에 어느 정도로 이전할지를 나타낸다.

● 브랜드 로열티를 유지하려면

　①고객을 정당하게 취급한다

　②브랜드를 고객과 친근하게 위치시킨다

　③고객의 만족도를 측정하고 관리한다

　④이전비용을 형성한다

　⑤이점(경품)을 부여한다

　와 같은 5가지가 필요하다.

● 브랜드 연상이란, 브랜드에 관한 기억과 연관된 모든 것으로

　①제품특성(제품의 성능 등)

　②무형자산(기술, 건강 등과 같은 무형의 특성에 관한 평가)

　③고객편익(브랜드를 고객의 편익에 연관시킨다)

　④상대가격(가격의 차이를 브랜드와 연관시킨다)

　⑤사용·응용(브랜드를 사용상황 및 사용방법과 연관시킨다)

　⑥사용자/고객(브랜드를 제품사용자 혹은 고객과 연관시킨다)

　⑦명성/인물(유명인과 브랜드를 연관시킨다)

　⑧라이프스타일/개성(브랜드의 개성, 라이프스타일의 특성)

　⑨제품등급(제품의 포지션)

　⑩경쟁업자(평가기준이 되는 경쟁업자)

　⑪국가/지리적 구역(예：이탈리아의 피혁제품)

　과 같은 것들이 있다.

● 브랜드 연상을 유지하기 위해서는 다음의 3가지가 이뤄져야
한다.

　①시간에 관계없이 수미일관성이 있다

　②마케팅 프로그램에 관계없이 수미일관성이 있다

③손해가 최소화 되도록 재난을 관리한다

● 확장된 브랜드와 기존 브랜드와의 적합성은, 사용상황의 공통성, 기능적 편익, 명성과의 관련, 사용자의 타입, 심벌 등에 의존하고 있다.

● 브랜드의 재활성화 방안으로는

①사용량의 증대

②새로운 용도의 발견

③새로운 시장에의 진입

④브랜드의 재포지셔닝

⑤제품/서비스의 확대

⑥기존 제품의 진부화

⑦브랜드 확장

이 있다.

● 브랜드 에퀴티의 측정방법에는

①가격 프리미엄

②고객의 선택에 미치는 영향

③대체 원가(브랜드 대체에 드는 추정 비용)

④주가의 동향

⑤브랜드의 장래 이익

과 같은 5가지 접근법이 있다.

●저자 약력

데이비드 A. 아커(David A. Aaker)

1938년 미국 노스다코다주 출생. 스탠포드대학에서 박사학위 취득. UC 버클리의 하아스 경영대학원에서 교편을 잡았고, 퇴직 후에는 동 대학 명예교수의 칭호를 수여받았음. 현재 프로페트사 부회장으로 재직.

저서로는 《전략시장 경영》, 《브랜드 에퀴티전략》, 《브랜드 우위의 전략》, 《브랜드 리더십》 등이 있음.

「브랜드 에퀴티전략」 목차 체계도

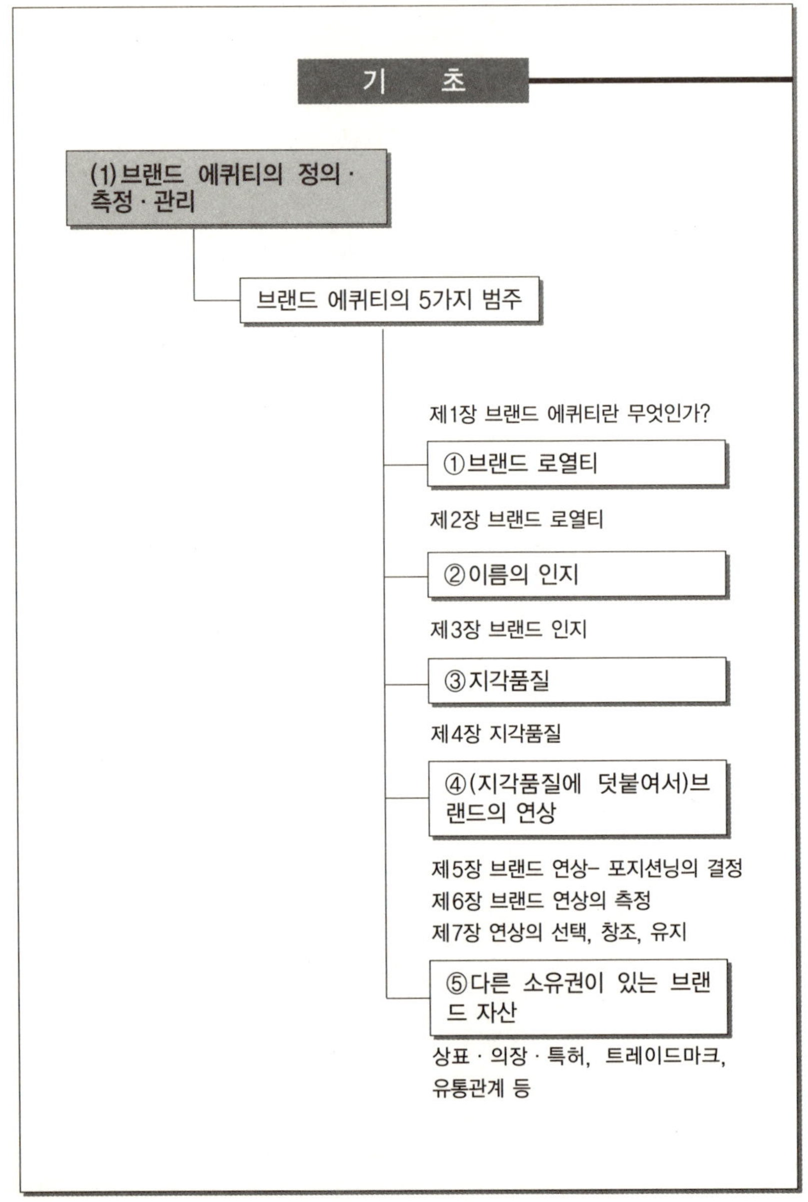

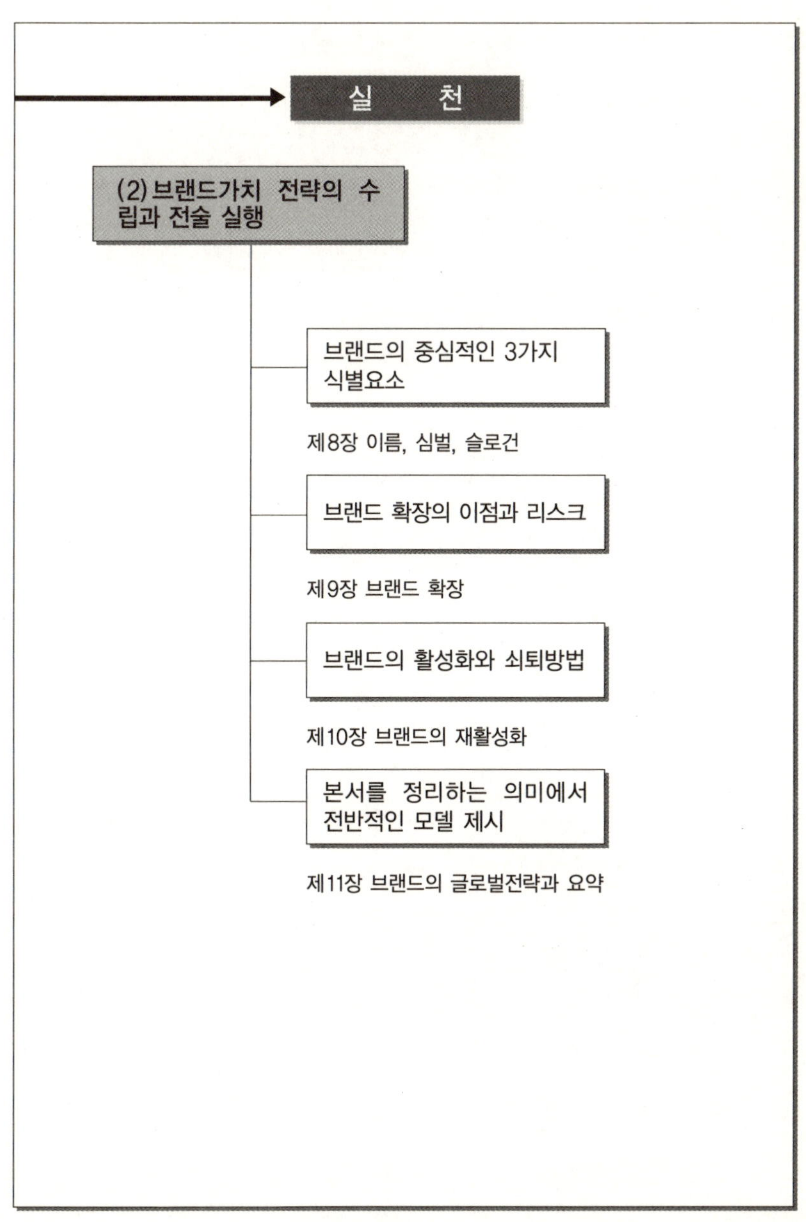

실 천
(2) 브랜드가치 전략의 수
립과 전술 실행
브랜드의 중심적인 3가지
식별요소
제8장 이름, 심벌, 슬로건
브랜드 확장의 이점과 리스크
제9장 브랜드 확장
브랜드의 활성화와 쇠퇴방법
제10장 브랜드의 재활성화
본서를 정리하는 의미에서
전반적인 모델 제시
제11장 브랜드의 글로벌전략과 요약

제**6**장 돈 (회계·재무)

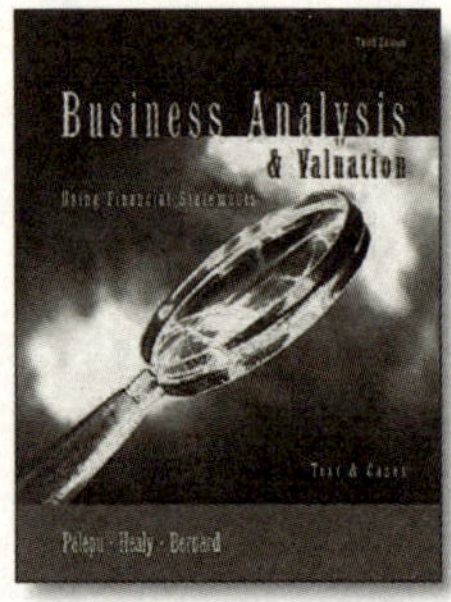

회계영역 전체의 체계서

기업분석입문
Business Analysis & Valuation

K.G.팔레프, V.L.버나드, P.M.힐리 共著

🖱 키워드	
❶ 경영전략분석
❷ 회계분석, 재무분석, 장래성분석
❸ 재무정책
❹ 디스클로저

⚒ 기능별 분류		
제너럴 매니지먼트	
논리적 사고	
기술경영 · 기업가 정신	
사람 (휴먼 리소스 · 조직행동)	
물건 (마케팅)	
돈 (회계 · 재무)	◎
전략	○

🎖 경력별 분류		
초급자	○
중급자 (매니저)	◎
상급자 (시니어 매니저)	●

 ## 1분 해설

재무제표를 이용한 기업분석의 바이블로 평가받는 이 책은 회계 정보를 기업분석과 기업평가에 적용하기 위한 틀을 제공하고 있다.

종래의 재무제표분석은 수익성, 생산성, 리스크에 관한 지표를 재무비율에 따라 분석하고 시계열 혹은 부문별로 분석하는 것에만 중심을 두고 언급했다. 하지만 그러한 전통적인 재무제표분석은 현상의 문제점을 찾아내는 것은 가능할지라도 장래의 예측이나 그것과 연관된 기업의 평가에는 그다지 도움이 되지 못한다는 평가를 받고 있다.

그 점을 보완해 이 책은 전통적인 비율분석에 대한 언급과 함께 그것을 장래의 예측이나 분석에 활용할 수 있도록 여러 개념과 기법에 대해서 설명하고 있다. 그런 의미에서 이 책은 정량적 분석과 정성적 분석에 다리를 놓아주고, 기업의 장래를 포함한 종합적인 분석을 체계적으로 설명한 책이라고 할 수 있다. 많은 비즈니스스쿨에서 회계수업의 교과서로 지정되어 있으며 회계분야에 관한 최고봉의 하나로 여겨지는 명저이다.

 ## 요지

재무제표를 이용해서 기업분석을 하는 순서는 크게 ①경영전략분석 ②회계분석 ③재무분석 ④장래성분석의 4가지로 구분할 수 있다.

먼저, 처음의 ①경영전략분석(a산업분석, b경쟁전략분석, c기업전략분석)에서는 기업의 수익결정요인과 주요 리스크를 명확히 하는 것이 가능하다. 특히, 산업분석에서는 해당 산업의 수익성을 파악하기 위해 파이브-포스(Five-Forces)분석을 활용하고, 경쟁전략분석에서는 마이클 포터교수가 말하는 경쟁우위를 실현하기 위해서 비용우위 혹은 차별화의 채용 여부와 그것을 실행할 수 있는 능력, 그러한 우위성을 지속적으로 유지할 수 있는지에 대해서 검토한다. 기업전략분석에서는 개개의 사업전략이 아니라 그것들을 통합해서 기업이 시너지효과를 발휘하여 비용우위 혹은 차별화를 실현할 능력이 있는지 등을 분석한다.

②회계분석에서는 주로 손익계산서, 대차대조표, 현금흐름표와 같은 재무에 관한 3가지의 표를 이용한다. 분석 내용은 크게 '자산의 분석', '부채·지분의 분석', '수익의 분석', '비용의 분석', '회계실체분석'과 같은 5가지로 나눌 수 있다. 회계분석의 목적은 회계가 사업의 현 상황을 어느 정도 잘 나타내고 있는지 평가하는 것에 있다. 회계수치에 왜곡이 생길 수 있는 항목을 자산, 지분, 수익, 비용 등으로 진단하고 왜곡의 정도를 평가할 수 있다. 그리고 회계수치를 수정한 후에 다음 단계인 재무분석으로 넘어 간다.

③재무분석에서는 재무수치를 이용해서 기업의 현재와 과거의 실적을 비교하고 그것의 지속성을 평가한다. 여기서는 비율분석과 현금흐름분석이라는 2가지 도구를 사용하는데, 비율분석은 손익계산서, 대차대조표를 활용해서 분석하고, 현금흐름분석은 현금흐름표를 활용한다.

분석은 매출액 순이익률(영업활동의 관리), 자산회전율(투자의 관리), 재무레버리지(부채의 관리)를 중심으로 평가하고, ROE(자기 자본 이익률)의 수준을 진단한다. 현금흐름분석은 기업의 경영활동, 투자활동, 재무활동을 분석해서 비율분석을 지원하는 역할을 한다.

　마지막으로, ④장래성분석은 '예측'과 '평가'의 두 단계로 나누어 이루어지는데, '예측'은 앞에서 한 경영전략분석, 회계분석, 재무분석 등에서 얻어진 장래의 전망을 토대로 매출액, 비용, 이익, 대차대조표의 각 항목, 현금흐름 등을 예측한다. 또 예측을 통해 기업가치를 도출하는 '평가작업'을 해야 하는데, 기업이 장래에 어느 정도의 가치를 지닐 것인가를 평가한다. 기업평가의 방법으로는 주식배율에 의한 방법이나 할인현금흐름법, 할인초과이익평가법 등 여러 가지가 있으며 각각 장단점이 있는데, 이 책에서는 12장에서 사례를 들어가며 이해하기 쉽두록 자세히 설명히고 있다.

　또한 이 책에서는 '주식분석', '채권분석과 재무리스크의 예측', '기업매수', '기업의 재무정책', '경영자에 의한 정보공개' 등, 각 의사결정 상황에 따라 실제로 존재하는 다섯 회사의 예를 사례로 들어가며 기업분석을 하여 독자의 이해도를 높이고 있다.

 ## 독서 메모

- 경영자는 어떤 회계나 기업정보를 공개하는지에 따라 그 기업이 발행한 재무보고서를 이용하는 외부의 이용자가 사업의 본모습을 이해하는 것을 방해할 수 있다.
- 경영전략분석으로 애널리스트는 정성적인 측면에서 기업의 경제성을 평가할 수 있게 되는데, 이것은 재무제표분석의 출발점

으로서 중요한 역할을 수행한다.

● 재무보고제도의 프레임워크를 이해함으로써 회계수치가 어느 정도 왜곡되어 있는지를 평가할 수 있다.

● 기업의 현재 자본구성이나 배당정책이 주주가치를 극대화하고 있는지를 평가하는데 유용한 도구는 부외(簿外, Off-Balance)의 부채를 제대로 파악하기 위한 회계분석, 사업리스크를 이해하기 위한 비율분석, 투자니즈를 조사하기 위한 현금흐름분석 및 장래성분석 등이다.

●저자 약력

크리쉬나 G. 팔레프(Krishna G. Palepu)

인도의 앙드라대학에서 물리학으로 학사와 석사학위를 취득하고 인도경영대학원에서 경영학석사(MBA) 과정을 마친 후, 미국 매사추세츠공과대학(MIT)에서 박사학위를 취득. 1983년부터 하버드대학 비즈니스스쿨에서 교수로 재직하고 있다. 현재 회계 및 관리부문 학과장을 겸하고 있다.

폴 M. 힐리(Paul M. Healy)

뉴질랜드의 빅토리아대학에서 회계와 파이낸스로 학사과정을 마치고 미국 로체스터대학에서 경제학석사(MS) 및 박사학위를 취득. 1983년부터 매사추세츠공과대학(MIT) 슬론 비즈니스스쿨에서 교수로 재직하다가 1997년부터 하버드대학 비즈니스스쿨에서 교편을 잡고 있음.

빅터 L. 버나드(Victor L. Bernard)

1995년 작고. 일리노이대학에서 박사학위를 취득. 이 책을 집필할 때는 미시간대학에서 교수로 재직. 동 대학 페이튼회계센터 소장과 미국회계학회 연구부장을 역임.

「기업분석입문」 목차 체계도

기업분석의 기초

제 I 부 서론

1. 재무제표를 이용한 기업분석 및 평가의 프레임워크

제 II 부 기업분석의 도구

2. 경영전략분석

· 산업분석
· 경쟁전략분석
· 기업전략분석

3. 회계분석

4. 자산의 분석
5. 부채 및 지분의 분석
6. 수익의 분석
7. 비용의 분석
8. 회계실체분석

9. 재무분석

· 비율분석
· 현금흐름분석

10~12. 장래성분석

10. 예측
11. 평가이론과 개념
12. 기업평가의 실제

기업분석의 응용 ▶ 사례연구

제III부 기업분석의 응용

주식시장

13. 주식분석

채권시장

14. 채권분석과 재무리스크의 예측

기업매수정책

15. 기업매수

주요 재무정책

16. 기업의 재무정책

IR정책

17. 경영자에 의한 정보 공개

제IV부 기업분석의 사례

인터넷 서비스 프로바이더

America Online, Inc

DIY 창고형 소매점

The Home Depot, Inc

제화메이커

Maxwell Shoe Company, Inc

전기설비회사

Schneider and Square D

캐주얼의류메이커

The Gap, Inc

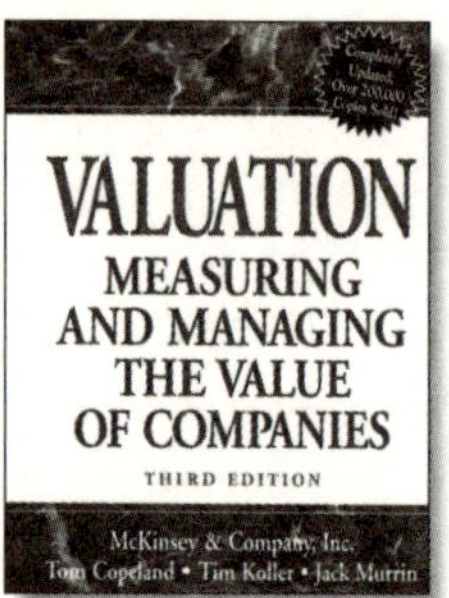

기업가치평가

가치창조의 이론과 실천
VALUATION, MEASURING AND
MANAGING THE VALUE OF COMPANIES

맥킨지 앤드 컴퍼니, 톰 코프랜드, 팀 콜러, 잭 뮤린 共著

🖱 키워드	
❶ 할인현금흐름법
❷ CAPM (자본자산평가모델)
❸ WACC (가중평균자본비용)
❹ 실물옵션

🔧 기능별 분류		
제너럴 매니지먼트	
논리적 사고	
기술경영 · 기업가 정신	
사람 (휴먼 리소스 · 조직행동)	
물건 (마케팅)	
돈 (회계 · 재무)	◎
전략	○

🎖 경력별 분류		
초급자	○
중급자 (매니저)	◎
상급자 (시니어 매니저)	●

1분 해설

주가는 사업의 가치, 나아가서는 주주가치와 연동되어 있어서 사업 가치를 향상시키지 않으면 주가는 상승하지 못한다고 하는 것이 파이낸스 이론의 원점이다. 기업은 사업을 통해서 가치를 창조하고, 그 가치를 향상시켜 주가가 오르도록 해야 하는데, 이를 위해서는 구체적으로 무엇을 해야 좋을지를 생각해야 한다.

이 책에서는 기업가치가 왜 필요한지, 그리고 그것을 어떻게 관리해야 하는지, 어떻게 하면 기업 가치를 창조할 수 있는지에 대해서 설명하고 있다. 이를 위해 저자는 기업가치의 산정방법과 같은 이론적 프레임워크와 많은 시례를 소개하고 있다.

이 책은 세계 여러 대학에서 MBA프로그램의 교과서로 채택하고 있으며 뒤에서 소개하는 브릴리와 마이어즈가 공동 저술한 《코포레이트 파이낸스》와 함께 기업 재무의 바이블로 평가받고 있는 책이다.

요지

기업 가치를 창출하고 관리하는 능력은 기업경영에 꼭 필요한 것이다. 그러면 기업가치의 본질은 과연 무엇일까? 그것에 대한 대답으로는 다음의 5가지가 있다.

①투하한 자산이 자본의 기회비용을 상회하는 수익을 창출함으로써 가치가 창출된다.

②미래현금흐름 혹은 경제적 이득의 현재가치를 최대화하는 전략
을 취함으로써 가치가 창조된다.

③ROIC(투하자본이익률)가 자본비용을 상회하는 한, 성장에 따
른 가치가 창조된다.

④주가는 기업의 장래 실적에 대한 시장의 기대로 결정된다. 하지
만 시장의 기대는 정확한 실적예측에 의한 것이라고만은 할 수
없다.

⑤주주가 얻는 이익의 크기는 대개 기업의 미래 실적에 대한 기대
와 실적의 격차로 정해진다.

한편, 이러한 것을 실행할 때 지표가 되는 것은

①주식시장의 퍼포먼스(주주가치창조가 이루어지고 있는지를 판
단하는 최종적인 지표는 주식시장으로 TRS(주주투자수익률),
MVA(시장부가가치) 등이 기준이 된다.)

②기업가치(DCF법, PE멀티플법 등을 이용해서 산출)

③재무지표(ROIC(투하자본이익률), 성장률)

등이다.

또한 실적 달성방법에 관한 분석이나 장래실적의 변화를 보기 위
한 시뮬레이션에서는 기업가치에 크게 영향을 미치는 요인이라 할
수 있는 밸류드라이버(Value Driver)가 무엇인지를 제대로 파악하
고 그것들을 관리하는 것이 중요하다고 설명하고 있다.

그리고 최종적으로 가치창조경영을 실현하기 위해서는

①목표와 수치관리

②사업포트폴리오 관리

③조직설계

④밸류드라이버의 파악

⑤사업부문의 실적관리

⑥개인의 실적관리

와 같은 6가지의 활동영역이 있는데, 이러한 것들을 제대로 추진하기 위해서는 최고 경영자의 관여(commitment)가 반드시 필요하다고 강조하고 있다.

 독서 메모

- 기업은 주주 투자수익율, 할인현금흐름법(DCF법), 경제적 이득, 경제적 부가가치(EVA), 투자현금흐름이익율(CFROI), 투하자본이익률(ROIC), 주당순이익(EPS) 등의 경영지표를 사용하는데, 목적에 따라 구분해서 사용해야 한다.

- 과거의 수익성분석에 사용되는 ROIC(투하자본이익률)로 투자이익에 영향을 미치는 주요 요인을 파악할 수 있다. 이를 위해서는 ROIC를 영업이익률(EBITA/매출액)과 자산회전율(매출액/투하자산)로 분해함으로써, 기업이 매출에서 얼마나 효율적으로 이익을 올리고 있는지, 투하자본을 얼마나 효율적으로 활용하고 있는지를 파악할 수 있다.

- 주식시장에서 다양한 구조조정 방법이 도입되어 사업재편의 선택방안이 늘어났다. 그러한 방안으로는 종래의 사업매각 외에도 스핀 오프, 매니지먼트 바이아웃(MBO), 트래킹스톡, 자본

의 커버아웃 등이 있다. 이러한 방안 중에서 어느 것이 주주에
게 적당한 지를 결정할 때, 기업가치평가는 중요해진다.

● 이머징마켓(emerging market. 신흥성장시장)에서 기업가치의
산정방법은,

①국가 리스크 프리미엄을 포함하지 않은 자본비용을 사용해서
시나리오별로 현금흐름을 할인하고, 각 시나리오의 발생확
률로 가중평균을 구하는 방법

②국가 리스크 프리미엄을 포함시켜서 현금흐름을 할인하는 방법

③공표된 시가총액 혹은 트레이딩 멀티플을 이용하는 방법

등이 있는데, 여러 방법으로 비교해서 가치의 범위를 정하는 것
이 바람직하다.

● 국가별 기업가치평가에 관한 주요 차이점은 규제에 따른 비즈
니스 관습의 차이, 회계기준의 차이에 의한 회계상의 수치에 대
한 견해의 차이, 세금제도의 차이 등이 있는데, 이는 각국의 자
본시장의 특이성에 기인한다.

●저자 약력

맥킨지 앤드 컴퍼니

세계 44개국, 83개의 오피스에서 약 7,000명의 컨설턴트가 글로벌
적으로 활동을 전개하는 경영컨설팅회사.

톰 코프랜드(Tom Copeland)

UCLA 비즈니스스쿨 교수를 거쳐, 맥킨지에서 코포레이트 파이낸스
와 전략그룹의 리더로 근무했다. 현재 모니터 앤드 컴퍼니의 디렉터
로 재직.

팀 콜러(Tim Koller)

스턴스튜워트사의 부사장을 거쳐 맥킨지에 입사, 현재 대표로 재직.

잭 뮤린(Jack Murrin)

맥킨지에서 파트너로 근무한 후에 뱅커스트러스트에서 시니어 매니
징 디렉터 등의 요직을 역임. 미국공인회계사.

「기업가치평가」 목차 체계도

이 론 편

기업가치평가의 의의

제1장 왜 기업가치를 평가하는가?

기업가치평가의 전체상

제2장 기업가치를 창조하는 경영자

가치평가에서 가치창조로 연결되는 경영의 전체상

제3장 가치창조의 본질

평가지표의 관계와 사용법

제4장 어떤 평가지표를 사용할 것인가?

현금흐름경영의 중요성에 관한 근거

제5장 현금흐름의 중요성

가치창조경영(VBM)의 실천방법

제6장 가치창조경영

타사를 포함한 가치창조경영 (VBM)

제7장 합병, 매수, 조인트 벤처

제8장 기업가치평가의 프레임워크

제14장 복수의 사업을 수행하는 기업의 가치평가

제9장 과거의 실적분석
제10장 자본비용의 추정
제11장 장래의 실적예측
제12장 계속가치의 산정

제15장 주기적 변동이 있는 기업의 가치평가

제16장 미국 이외의 국가에서의 기업가치평가

제13장 기업가치 산정결과의 분석

제17장 이머징마켓의 기업가치평가

제18장 실물 옵션에 의한 기업가치평가

제19장 은행의 가치평가
제20장 보험회사의 가치평가

제21장 일본 기업의 가치평가

재무영역 전체의 체계서

코포레이트 파이낸스
PRINCIPLES OF CORPORATE FINANCE

리처드 브릴리, 스튜워트 마이어즈 共著

키워드	❶ 순현재가치(NPV)
	❷ 리스크
	❸ 자본자산평가모델
	❹ 가중평균자본비용

기능별 분류	제너럴 매니지먼트	
	논리적 사고	
	기술경영 · 기업가 정신	
	사람(휴먼 리소스 · 조직행동)	
	물건(마케팅)	
	돈(회계 · 재무)	◎
	전략	○

경력별 분류	초급자	○
	중급자(매니저)	◎
	상급자(시니어 매니저)	●

1분 해설

기업은 사업이라고 하는 실물자산에 투자하여 가치를 창출하고 자사의 가치도 증대시키는데, 코포레이트 파이낸스의 목적은 바로 이러한 기업 가치를 증대시키는 것이다. 이 책에서는 재무상의 여러 의사결정에 관한 포괄적이면서도 상세한 설명과 재무담당자가 기업 환경의 변화에 대응해서 응용할 수 있는 기초이론을 자세하게 설명하고 있다.

원저는 1981년에 발간되었는데 그 이후, 판을 거듭하면서 세계 8지역에서 간행되고 있다. 미국과 유럽의 여러 톱 비즈니스스쿨에서도 지정교과서로 사용되고 있으며, 코포레이트 파이낸스의 바이블로서 높은 평가를 받고 있다.

요지

이 책은 재무상의 의사결정에 대하여 포괄적으로 설명된 기본서적이다. 기업은 가치를 증대시키기 위해서 투자를 하는데, 그 과정을 다음과 같이 정리할 수 있다.

① 투자를 하기 위해서 투자가, 채권자로부터 자금을 조달한다.

② 조달된 자금을 가치를 증대시킬 수 있는 사업 등에 투자한다.

③ 투자에서 자금을 회수한다.

④ 그 자금을 상환 혹은 분배에 충당한다.

이 때, 가치를 높이려면 어떻게 자금을 조달하면 좋은지, 가치를

높이는 투자를 어떻게 알아낼 수 있는지, 가치를 높이기 위해서는
어떤 자본구성으로 하면 좋은지, 가치를 높이기 위해서 수익의 분배
방법은 어떤 식으로 하면 좋은지, 리스크 관리를 어떤 식으로 하면
좋은지 등이 문제가 되는데, 이 책은 이와 같은 모든 문제에 대해서
쉽고 체계적으로 설명하고 있다.

 독서 메모

- 100달러를 투자한 후, 두 개의 동전을 던졌다고 하자. 앞면이
  나오는 횟수에 따라 투자한 액수에 20%를 더한 금액을 얻고,
  뒷면이 나오는 횟수에 따라 투자한 액수에서 10%씩을 차감하
  는 경우(케이스 1)와, 앞면에 나오는 횟수에 따라 투자한 액수
  에 35%를 더한 금액을 얻고 뒷면이 나오는 횟수에 따라 25%를
  차감하는 경우(케이스 2)를 생각해 보자. 케이스 1의 경우, 기
  대수익률은 10%로 표준편차는 21이 된다. 케이스 2의 경우는
  기대수익률은 10%이지만 표준편차는 42가 된다. 따라서 케이
  스 2는 케이스 1보다 리스크가 두 배나 크다.
- 어떤 캐딜락 판매점이 당신에게 특별 서비스로 4만 5,001달러
  에 최신형 캐딜락과 좋아하는 영화배우와 악수를 할 수 있는 기
  회를 준다고 하자. 당신은 캐딜락의 제품가치를 4만 6,000달러
  로 평가한다면 딜러가 영화배우와 악수하는 것에 999달러를 지
  불해 주는 셈이 된다. 한편, 캐딜락의 제품가치를 4만 5,000달
  러로 평가하면 당신이 영화배우와 악수하는 데 1달러를 지불하

는 셈이 된다. 이렇듯 잘못된 예측을 하지 않기 위해서라도 시장가치부터 분석하지 않으면 안 된다.

● 10년 전 6만 달러로 집을 구입할 때, 집값의 50%인 3만 달러를 융자로 조달했고 현재 이 집의 가치는 12만 달러라고 하자. 그런데 현시점에서 당초의 융자 3만 달러를 갚고 새로 6만 달러의 융자를 받는다고 하자. 6만 달러의 융자도 현재의 집값의 50%이지만 부채의 장부가에 대한 비율은 100%(집의 장부가격은 취득시의 6만 달러)가 된다. 장부가격에 대한 정보밖에 얻을 수 없는 분석자는 10년 전의 장부가대비 부채비율 50%와 비교해서, '이전보다 더 부채에 의존하고 있다'고 판단할지 모르겠으나, 실제로는 집의 시장가치에 대한 비율은 50%로 부채비율이 상승한 것이 아니다.

● 사채를 발행하고 있지 않은 U사와 8%의 금리로 1,000달러를 사채로 조달하고 있는 L사를 비교해 보자. L사는 사채의 절세효과분(법인세율은 35%로 가정)인 28달러(80달러×35%)만큼 소득이 증가한다. L사는 매년 28달러의 현금흐름의 증가를 영구적으로 기대할 수 있다. 따라서 절세효과의 현재가치는 350달러(28달러÷8%)가 된다.

● 기술을 폐기하는 풋옵션을 가지고 있는 경우의 현재가치를 생각해 보자. 폐기할 수 없는 프로젝트의 가치(원자산의 현시점에서의 가치)가 1,200만 달러라고 가정하자. 시장의 수요가 좋을 때는 1년 후 가치가 50% 상승해서 1,800만 달러가 되지만, 저조할 때는 가치가 1/3이 떨어져 800만 달러가 된다고 하자. 시장의 수요가 좋을 때는 프로젝트를 유지하지만 저조할 경우

는 프로젝트를 폐기해서 1,000만 달러에 매각하는 옵션을 선택하는 것이 득이 된다. 이 경우, 풋옵션의 가치는 200만 달러(1,000만 달러-800만 달러)가 된다. 또, 금리가 5%일 경우, 기대 페이오프는 108만 달러를 금리 5%로 할인한 103만 달러가 된다. 실물옵션에서는 원자산의 현시점에서의 가치 1,200만 달러에 옵션의 가치 103만 달러를 더한 1,303만 달러로 프로젝트의 가치가 증가한다.

●저자 약력

리처드 브릴리(Richard A. Breally)

잉글랜드은행 총재특별고문, 런던 비즈니스스쿨의 파이낸스 담당 객원교수. 1968년부터 1998년까지 런던 비즈니스스쿨 교수로 재직하였고 유럽 파이낸스학회의 회장을 역임했다. 또한 브래틀그룹, 캐나다 선 라이프 어슈어런스의 영국 지주회사 및 일본의 도카이선물의 임원도 역임하고 있다. 저서로는《Introduction to Risk and Return from Common Stocks》외 다수가 있음.

스튜워트 C. 마이어즈(Stewart C. Myers)

MIT 슬론 스쿨 오브 매니지먼트의 파이낸스 담당교수. 미국 파이낸스학회의 회장을 역임했고 전미경제연구소의 리서치 어소시에트(associate)로 있다. 재무상의 의사결정, 가치평가법, 자본비용 및 정부에 의한 산업규제의 재무적인 측면을 중심으로 연구 활동을 전개하고 있다. 또한 브래틀그룹의 임원을 맡고 있으며 재무컨설턴트로도 활약하고 있다.

「코포레이트 파이낸스」 목차 체계도

가치평가와 투자판단

제1부 가치

- 제1장 파이낸스와 재무담당자
- 제2장 현재가치와 자본비용
- 제3장 현재가치의 계산
- 제4장 보통주의 가치
- 제5장 순현재가치가 최선의 투자결정기준이 되는 이유
- 제6장 순현재가치법에 의한 투자판단

제2부 리스크

- 제7장 리스크, 수익, 자본비용 입문
- 제8장 리스크와 수익
- 제9장 자본지출예산과 리스크

제3부 자본예산할당에서의 현실적인 문제

- 제10장 프로젝트는 블랙박스가 아니다
- 제11장 정(正)의 순현재가치는 어디서 생기는가?
- 제12장 순현재가치의 최대화

장기의 자금조달과 리스크관리

제4부 자금조달의 결정과 시장의 효율성

- 제13장 기업의 자금조달과 시장의 효율성에 관한 6가지 교훈
- 제14장 기업 자금조달의 개요
- 제15장 기업은 어떻게 증권을 발행하는가?

제5부 배당정책과 자본구성

- 제16장 배당정책논쟁
- 제17장 부채정책은 중요한가?
- 제18장 기업은 어느 정도의 자금을 빌려야 하는가?
- 제19장 자금조달과 평가

제6부 옵션

- 제20장 옵션과 그 평가
- 제21장 실물 옵션
- 제22장 워런트와 전환사채

제7부 부채에 의한 자금조달

- 제23장 부채의 평가
- 제24장 다양한 부채
- 제25장 리스

제8부 리스크관리

- 제26장 리스크관리
- 제27장 국제적인 리스크관리

재무계획과 단기의 재무판단 → 합병과 코포레이트 파이낸스 → 결 론

제9부 재무계획과 단기의 재무관리
- 제28장 재무분석과 계획
- 제29장 단기의 재무계획
- 제30장 신용관리
- 제31장 현금관리
- 제32장 단기의 운용과 조달

제10부 합병 및 기업의 통제와 지배
- 제33장 기업합병
- 제34장 통제, 지배 및 재무구조

제11부 가치
- 제35장 결론(현상과 과제)

파이낸스이론에서 가장 중요한 7가지 개념
1. 순현재가치
2. 자본자산가격모델
3. 효율적 자본시장
4. 가치의 가법성(加法性)과 가치보존의 법칙
5. 자본구성의 이론
6. 옵션이론
7. 에이전시이론

파이낸스 이론의 미해결 문제 10가지
1. 중요한 재무적인 의사결정은 어떤 식으로 이루어지는가?
2. 프로젝트의 리스크와 현재가치를 결정하는 것은 무엇인가?
3. 리스크와 수익 외에 빠뜨린 것은 없는가?
4. 효율적 시장가설의 예외로 여겨지는 사례는 얼마나 중요한가?
5. 경영진은 부외(簿外) 부채인가?
6. 새로운 증권이나 시장의 성공을 얼마나 설명할 수 있는가?
7. 배당논쟁은 어디까지 해결될 수 있는가?
8. 기업이 부담하는 리스크에는 어떤 것이 있는가?
9. 유동성의 가치란 무엇인가?
10. 우리는 합병 붐을 어느 정도 설명할 수 있는가?

ABC매니지먼트 혁명
미국기업을 재생시킨 코스트관리기법
IMPLEMENTING ACTIVITY-BASED
COST MANAGEMENT

R. 쿠퍼, R.S. 카플란, L.S. 마이셀, E. 모리시, R.M.옴 共著

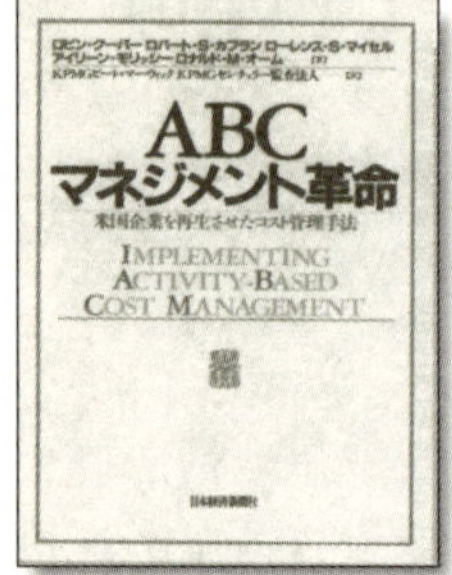

🖰 키워드	
❶ ABC	
❷ ABM	
❸ 코스트 드라이브	
❹ 액티비티분석	

🔧 기능별 분류		
제너럴 매니지먼트	
논리적 사고	
기술경영 · 기업가 정신	
사람 (휴먼 리소스 · 조직행동)	○
물건 (마케팅)	
돈 (회계 · 재무)	◎
전략	○

🎖 경력별 분류		
초급자	○
중급자 (매니저)	○
상급자 (시니어 매니저)	◎

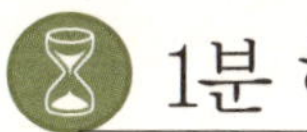

1분 해설

1980년대의 미국 기업을 에워싼 경영환경은 경쟁의 격화로 상황이 좋지 않았으며 전략의 재검토와 비용 삭감이 요구되었다. 그래서 기업은 제조, 물류, 판매 등 고객에게 제품 혹은 서비스를 제공하기 위해 이용되는 경영자원의 소비에 관한 정확한 정보를 필요로 했다.

1980년대 후반으로 접어들면서 수익성의 향상과 비용 절감을 위해 정보를 제공하는 액티비티 베이스 코스팅(ABC)이 주목받게 되었고, 이와 관련한 다수의 서적이 출판되었으며, 각지에서 세미나가 열렸다. 하지만 정작 ABC시스템을 설계하고, ABC프로젝트를 관리하며, ABC로부터 얻어진 정보에서 찾아내야할 의사결정과 그것의 이점에 대해서 체계적으로 설명한 책은 없었다. 따라서 경영자나 관리회계부서에서 ABC를 도입할 때 교재가 될 만한 사례연구가 필요했다.

그래서 하버드대학의 카플란 교수, 쿠퍼 교수, 그리고 로렌스 마이셀이 KPMG 피터 마윅의 컨설팅부분과 협력해서 실제 사례에 근거한 연구와 그 성과를 정리한 것이 바로 이 책이다.

요지

전통적인 원가계산시스템과 ABC(액티비티 베이스 코스팅)시스템은 상당한 차이가 있다. 전통적인 원가계산은 간접비를 최종 생산물에 분배할 때 일정한 기준으로 간접비를 배부한다. 그 때 기준이 되는 것은 노동시간, 기계가동시간 등과 같은 양적인 기준이다. 하지만 간접비로 소비되는 자원은 생산량에 비례해서 발생하는 것이 아니다. 그래서 지금까지는 어떤 제품 혹은 고객층이 채산성이 없는지 정확히 파악할 수 없었다.

ABC시스템의 설계는

①액티비티의 명확화

②코스트의 액티비티별 집계

③최종 생산물의 명확화

④액티비티 코스트의 최종 생산물별 집계

와 같은 4단계를 밟는다. 이렇게 함으로써 간접비를 정확히 최종 생산물에 배부하고 적정한 원가를 계산할 수 있게 된다.

또한 ABC는 원가계산시스템이기보다는 오히려 경영관리시스템이라 할 수 있다. 이 책에서 사례로 든 기업에는 제조업체, 금융서비스업체, 거대 에너지회사 등이 있는데, 그런 기업들은 ABC분석에서 도출한 관점에 근거해서 의사결정을 하고 있었다. 여기서 말하는 의사결정이란 제품 혹은 서비스의 도입, 철수, 가격책정, 생산 및 물류, 마케팅 레벨의 설정, 비즈니스 프로세스의 재설계 등과 같은 것들이다.

하지만 한편으로 사례로 든 기업 중 일부는 프로젝트 진행이 순조롭지 못했는데, 이는 조직상의 준비가 충분하지 못했기 때문이라고 지적하고 있다. 또한 성공적인 ABC매니지먼트를 위해서는 분석 프로세스에서의 프로젝트관리 스킬과, 의사결정 혹은 조직적인 변혁 프로세스관리 스킬이 필요하다는 점을 지적하고 있다.

그리고 이 책의 보충설명 부분에서는 ABC매니지먼트의 가치를 높이기 위해서 ABC도입의 기본적인 단계를 소개하고 있다.

 독서 메모

- 전통적인 원가계산시스템에서는 최종 생산물이 소비한 자원의 비용집계가 부정확했다.
- ABC시스템은 액티비티별로 파악한 원가를 코스트 드라이브를 이용해 제품별로 집계하기 때문에 정확한 비용을 산출할 수 있다.
- ABC시스템은 원가계산시스템이라고 하기보다는 경영계획 혹은 예산통제에 도움이 되는 경영관리시스템이라고 할 수 있다.
- 사례연구 결과, 액티비티 및 비즈니스 프로세스 정보는 프로세스의 개선, 재구축, 프로세스 축소 등에 이용되었다.
- 코스트 드라이브 정보는 장래의 실적개선 목표로 이용되든지 장래의 제품설계, 제품가격책정, 고객관계관리 등에 이용되었다.
- 제품 혹은 고객별 코스트나 수익성에 관한 정보는 특정 제품라인, 고객층, 시장별 매출액과 관리비를 감안한 이익과 손실이 어떤 항목에서 발생하는지를 분명히 하고, 각각의 제품 혹은 고객에 대해서 종래에는 예측할 수 없었던 고비용의 원인을 알아낼 수 있었다. 또, 그러한 정보에 근거해서 제품믹스, 가격설정, 고객구성, 프로세스의 개선과 관련된 의사결정이 이루어지고 있는 기업도 있었다.

● 성공적인 ABC매니지먼트를 위해서는 분석 프로세스에서의 프
로젝트관리 스킬과 의사결정 혹은 조직적인 변혁 프로세스관리
스킬이 필요하다.

●저자 약력

로빈 쿠퍼(Robin Cooper)

쿠퍼즈 앤드 라이브랜드에서 회계사로 근무한 뒤, 1979년 하버드대학에서 MBA취득(베이커 장학생). 1982년 하버드 비즈니스스쿨에서 경영학박사 학위 취득. 동년 하버드 비즈니스스쿨 교수로 취임.

로버트 S. 카플란(Robert S. Kaplan)

뒤에서 소개하는 《전략 밸런스드 스코어카드》의 저자 약력을 참조.

로렌스 S. 마이셀(Lawrence S. Misel)

KPMG 피터 마윅의 매니지먼트 컨설팅부문 국내 책임자를 거쳐, 마이셀 컨설팅그룹을 설립. 현재 동 그룹 책임자. 사무관리, 재무, 현장관리 등의 부분에서 25년간에 걸친 컨설팅 경험을 보유하고 있으며 현재는 ABC매니지먼트를 이용한 수익개선, 비즈니스 프로세스의 재설계, 실적측정을 전문적으로 컨설팅하고 있음.

아이린 모리시(Eileen Morissey)

KPMG 피터 마윅을 거쳐 현재는 프라이스 워터 하우스의 국내 제조업 경영컨설팅 부문 시니어 매니저로 근무하고 있음.

로널드 M. 옴(Ronald M. Oehm)

현재 KPMG 피터 마윅의 경영컨설팅 부문 총 책임자.

「ABC매니지먼트 혁명」 목차 체계도

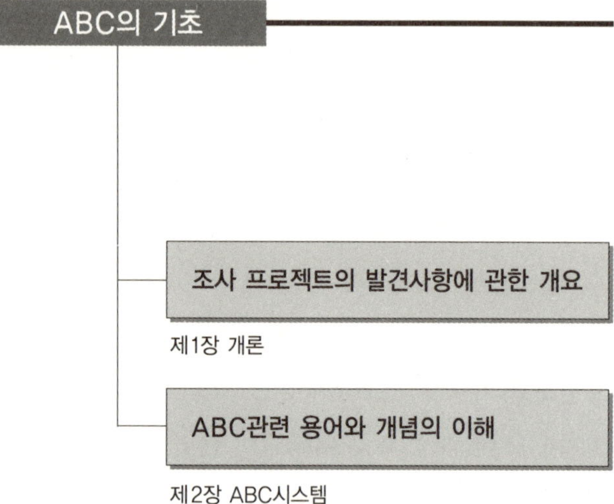

8가지 사례 연구 → ABC의 정리

1. ABC실시를 결심한 계기
2. 실행 프로세스와 소요 경영자원
3. ABC에서 얻어진 성과와 그 내용
4. 결과에 근거한 기업의 행동

사례 ①반도체 제조업

제3장 어드밴스드 마이크로 디바이스

사례 ②필터재료 제조업

제4장 패럴

사례 ③금속가공 판매업

제5장 윌리엄스 브라더즈 메탈

사례 ④잉크 제조업

제6장 아코 알래스카 잉크

사례 ⑤거울 제조업

제7장 모나크 밀러 도어 컴퍼니

사례 ⑥주식브로커/딜러

제8장 스튜워트 앤드 컴퍼니

사례 ⑦자동차부품 딜러

제9장 슬레이드 매뉴팩처링 : HAP

사례 ⑧식품 제조업

제10장 크라프트USA

사례연구에서 본 ABC모델의 요약

제11장 ABC모델의 분석

ABC모델의 함정과 문제점

제12장 ABC프로젝트의 조직상 문제점

보충설명 ABC도입의 기본적인 단계

1. 프로젝트의 범위, 시간, 목적의 결정
2. 사실의 발견
3. 프로젝트팀 구성과 작업계획 수립
4. 연수 실시
5. 액티비티 관련 정보의 입수
6. 액티비티의 부가가치를 코드화
7. 액티비티 센터의 설정
8. 노동 관련 비용의 계층화
9. 노동과 관련 없는 비용의 분류
10. 코스트 드라이브 정보의 인식과 입수
11. 모델의 도입
12. 모델의 운용과 보고서의 작성

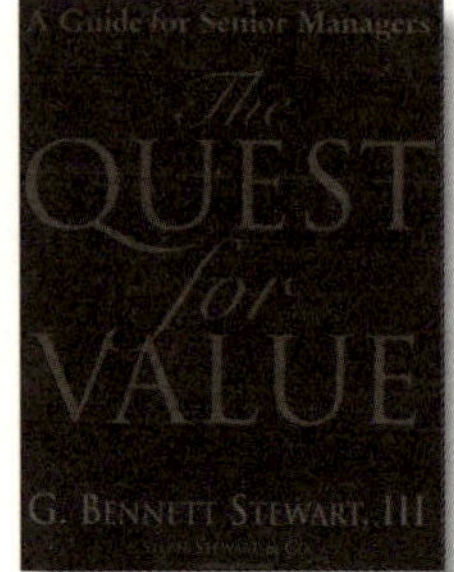

기업가치 향상의 새로운 지침에 관한 연구

EVA창조의 경영
THE QUEST FOR VALUE

G. 베네트 스튜워트 3세 著

  키워드	
❶ 기업가치 평가	
❷ EVA(경제부가가치)	
❸ MVA(시장부가가치)	

기능별 분류		
제너럴 매니지먼트	
논리적 사고	
기술경영 · 기업가 정신	
사람(휴먼 리소스 · 조직행동)	
물건(마케팅)	
돈(회계 · 재무)	◎
전략	○

경력별 분류		
초급자	○
중급자(매니저)	○
상급자(시니어 매니저)	◎

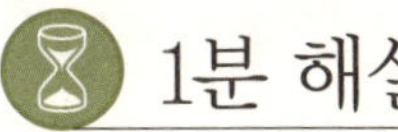 1분 해설

EVA란 저자인 베네트 스튜워트 3세가 개발한 개념으로 기업이 창조한 가치, 즉 기업의 성과를 측정하는 척도이다.

많은 기업에서 회계지표를 기업성과의 척도로 이용하고 있지만 영업이익과 같은 회계상의 수치는 주관적인 생각이 개입되어 있다든지 기업 측에서 조작할 수 있는 것이기 때문에 적절하지 못하다.

그래서 기업성과를 제대로 측정하기 위한 척도로 개발된 것이 EVA(Economic Value Added)다. EVA는 일본의 대표적인 기업에서 활용하고 있는데, 단순한 측정도구 이상의 의미를 지닌다. 이 책은 기업의 전략에 관한 것이라고도 할 수 있는 EVA와 관련된 최초의 서적이다.

 요지

일반적으로 이익이나 EPS(주당 순이익) 등과 같은 회계상의 실적이 기업의 실적평가에 사용되고 있는데, 이는 잘못된 것이다. 영업이익과 순이익과 같은 것은 자의성이 개입되어 있기 때문에 진정한 실적을 나타내지 못하기 때문이다.

기업의 실적을 제대로 나타낼 수 있는 것은 총자본이익률이다. 이것은 NOPAT(세후순영업이익)를 투입된 자본으로 나누어 계산한다. 이 지표의 이점은 자본조달 방법이 무엇인지에 관계없이 투입자본의 생산성을 측정할 수 있고, 회계 왜곡의 영향을 받지 않는다는 데 있다. 자본비용은 사용된 자본가가치를 부가(附加)하기 위해서 최소한 벌어들어야 할 이익을 말한다. 하지만 자본이익률은 개별 프로젝트의 채용여부를 검토하기에는 유용하지만, 기업 전체의 실적평가 척도로서는 적합하지 않으며 오히려 EVA가 적합하다.

기업이 창출한 영업이익에서 자본비용을 뺀 순이익의 척도인 EVA는 기업가치가 일정 기간에 어느 정도 증가 혹은 감소했는지를 측정하는 척도라 할 수 있다.

다음과 같은 세 가지 경우에 EVA가 증가한다.

①추가적인 투자 없이 영업이익이 증가할 때

②모든 신규투자가 자본이용보다 많은 이익을 가져다주는 프로젝트에 투자되었을 때

③자본비용을 밑도는 이익을 내는 사업이 양도 혹은 청산되었을 때

EVA는 기업의 본질적 시장가치에 직접적으로 연관된 실적평가 척도이므로 기업의 주식시장가치에 프리미엄을 부여하게 된다. 따라서 EVA를 목표 설정, 자본예산 결정, 실적평가, 인센티브 보상, 우수한 투자가와의 커뮤니케이션 척도로 사용하여 통합적인 재무 매니지먼트 시스템의 실행에 활용할 수 있다.

또한 EVA를 이용함으로써 매니저를 기업의 오너처럼 행동하게 할 수 있다. 매니저의 모든 관심을 기업가치의 원점인 EVA에 집중시키고 그것을 목표로 삼도록 함으로써 사업의 전망과 미래의 실적평가를 제대로 하게하고 전략결정을 명확하게 통합시키는 프레임워크로 활용할 수 있다.

저자는 EVA를 '4가지의 M'의 요소를 지닌 통합적 경영도구로 제

창하고 있다.

여기서 4가지 M이란,

① 척도(Measure)

② 경영시스템(Management System)

③ 동기부여(Motivation)

④ 의식개혁(Mind-set)

을 말한다.

EVA창조의 관점에서 기업의 실적을 측정하고, EVA를 개선시킬 수 있는지 없는지와 같은 가치판단으로 의사결정을 한다. 그리고 EVA와 연동시켜 보너스플랜을 기획함으로써 사원들에게 동기를 부여하고, EVA를 지속적으로 창출하기 위해 의식을 개혁한다. 이 책은 이러한 체계적인 연결고리를 가지고 EVA를 전략도구로서 활용할 것을 제안하고 있다.

 독서 메모

● 코카콜라는 1993년 연차보고서에서 자사가 주주를 위해 창출한 모든 이익은 자사가 창조한 경제적 부가가치(EVA)에 의한 것으로 보고하고 있다. 또한 과거 10년간 경제적 이익이 평균 27% 성장했다고 보고했다.

● 예민한 투자가를 만족시키기 위해서 기업은 자본비용을 웃도는 자본이익률을 보여 줘야 한다.

● 자본경쟁에서 승리하고, 가치에 프리미엄이 붙는 기업을 만들

기 위해서는 매력적인 자본이익률이 필요하다.

● 주식시가총액을 포함한 절대 규모에서 바라본 기업 순위는 시장부가가치의 척도에서 바라본 순위와는 극단적으로 다르다.

● 제너럴모터스는 1988년 <비즈니스위크>가 선정한 기업가치가 높은 기업 1,000개 회사 중에서 6위였지만 시장부가가치 순위로는 가장 낮았다.

● EVA가 증가하는 것은 다음의 3가지 경우다.

　①추가적인 투자 없이 영업이익이 증가할 때

　②모든 신규 투자가 자본비용을 상회하는 이익을 가져다 주는 프로젝트에 투자되었을 때

　③자본비용을 밑도는 이익을 내는 사업이 양도 혹은 청산되었을 때

● 어떠한 기업의 가치라도 다음의 3가지 구성요소의 합으로 나타낼 수 있다.

　①투자가가 사업리스크를 부담하는 대신에 요구하는 수익 비율로 자본화된 현재의 영업이익(NOPAT)

　②경영진의 목표자본 구성에 의해 시험적으로 사용되는 부채의 절세효과

　③수익의 잠재성이 신규 시장 진입자 혹은 대체품에 의해 소멸될 때까지 이용할 수 있는 신규자본 프로젝트에 의한 경제적 부가가치의 현재가치

●저자 약력

G. 베네트 스튜워트 3세(G. Bennett Stewart, III)

프린스턴대학에서 전기공학을 전공하고 시카고대학에서 MBA취득한 후에 체이스맨하튼은행에 입행. 당시 직장 상사였던 조엘 M. 스턴과 함께 1982년에 스턴 스튜워트사를 설립하여 공동 경영하고 있음.

「EVA창조의 경영」 목차 체계도

도 입 부

일본 기업에 대한 처방전

제1장 EVA의 도입

┌─────────────────────────┐   ┌─────────────────────────┐
│ 제1부 가치의 플래닝   │   │ 제2부 정적(靜的) 파이낸스 │
└─────────────────────────┘   └─────────────────────────┘

→ **EVA에 의한 가치의 창조** → **구체적인 재무시책**

회계상의 실적을 기업의 실적평가에 사용하는 오류

제2장 시장의 신화

시장의 진실과 EVA

제3장 시장의 진실

경영 매니지먼트에서 활용하는 EVA

제4장 EVA 재무 매니지먼트 시스템

스턴 스튜워트 퍼포먼스 1000에 의한 실증

제5장 스턴 스튜워트 퍼포먼스

매니저를 기업의 오너처럼 행동하게 하기 위한 EVA활용

제6장 매니저의 오너화

기업가치의 개념 (기업가치의 3가지 구성요소)

제7장 밸류에이션의 개념

EVA와 할인현금흐름의 대결

제8장 밸류에이션의 경쟁

기업매수 성공의 포인트와 기업매수의 분석 방법

제9장 매수가격 결정 메커니즘

사업 니즈에 걸맞는 재무 구성전략

제10장 재무 계획

가장 유리한 자금조달 수단

제11장 자금조달 수단

자본비용에 관한 총괄

제12장 자본비용

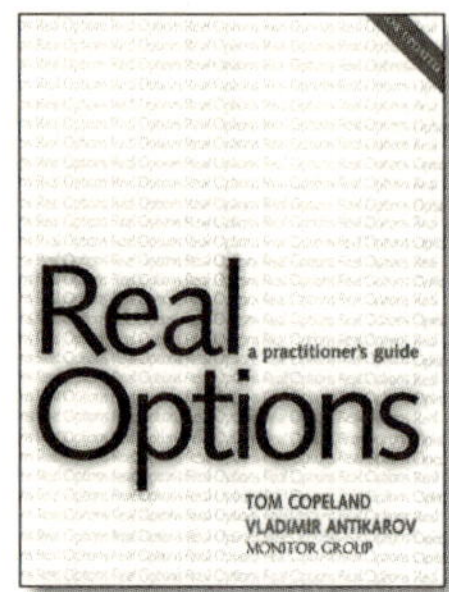

재무의 새로운 의사결정 방법의 하나에 관한 연구

실물옵션

전략 플렉시빌리티와 경영의사 결정
Real Options

톰 코프랜드, 블라드미르 안티카로프 共著

키워드	
❶ 실물옵션	
❷ 투자의사결정의 평가	
❸ NPV(순현재가치)	

기능별 분류		
	제너럴 매니지먼트	
	논리적 사고	
	기술경영 · 기업가 정신	
	사람(휴먼 리소스 · 조직행동)	
	물건(마케팅)	
	돈(회계 · 재무)	◎
	전략	○

경력별 분류		
	초급자	○
	중급자(매니저)	○
	상급자(시니어 매니저)	◎

 1분 해설

여태까지 투자의사 결정을 평가하는 방법으로는 순현재가치 (NPV)법이 주류를 이루었다. 하지만 NPV법은 경영상의 유연성을 고려하지 않기 때문에 투자 기회를 과소평가해 버리는 결점이 있다.

또한 일반적인 의사결정 트리분석으로는 리스크를 일정한 비율로 가정해서 산정하기 때문에 여러 가지 경영판단이 회사의 현금흐름에 어떤 영향을 미치는지에 대해 충분히 검토할 수 없다. 하지만 실물옵션 분석으로는 미래의 불확실성을 포함한 경영판단에 근거해서 미래 현금흐름의 변화에도 대응 가능한 투자의사 결정을 할 수 있다.

실제 기업경영은 투자 도중에 추가적인 투자의 중단, 확대 혹은 연기와 같은 옵션을 선택할 수 있는데, 실물옵션으로 이러한 경영상의 유연성을 고려해서 투자를 평가하는 것이 가능하다. 이 책은 경영자의 일상적인 의사결정에 어떤 식으로 실물옵션이론을 활용하는지를 보여 주는 바이블이다.

 요지

옵션이론은 마틴, 브랙, 쇼올즈 등의 연구에 의해 발전되었고, 그 후 다수의 실증 논문이 발표되었다. 그러나 난해한 수학적 지식을 필요로 했기 때문에 일반 기업에게는 익숙하지 못했다.

하지만 그 후, 컴퓨터기술의 발전으로 매니저들이 현실적이면서도 이해하기 쉬운 모델을 간단히 구축할 수 있게 되어, 증권이나 선물로 시장거래가 이루어지고 있는 석유, 석탄 등과 같은 원자산(原資産) 뿐만 아니라 기존에 NPV로 분석할 수 있는 프로젝트라면 모두 실물옵션분석이 가능하게 되었다.

실물옵션이란, '미리 정한 기간(행사 기간)과 비용(행사 가격)으로 어떤 액션(연기, 확대, 축소, 중지 등)을 취할 수 있는 권리(의무가 아님)'를 말한다.

이 책은 우선 단순한 콜옵션(연기옵션), 단순한 풋옵션(중지옵션, 철수옵션), 사업을 확대하는 옵션(확장옵션), 축소하는 옵션(축소옵션) 등을 푸는 수량적인 방법과 단순한 옵션의 조합에 대해서 설명한 후에 좀더 복잡하고 현실적인 실물옵션에 대해서 설명하고 있다.

여기서 말하는 복잡하고 현실적인 실물옵션이란, 그 옵션의 가치가 다른 옵션에 의존하고 있는 컴파운드 옵션과 조업 개시나 중지, 조업형태의 변경, 해당 업계로의 진입 혹은 철수 등을 옵션 보유자가 선택할 수 있는 스위칭 옵션을 말한다. 이 책은 또한 1년 단위로 하나가 아닌 여러 개의 옵션구조를 모델화함으로써 옵션의 정도(精度)를 높이는 방법, 실물옵션을 도입하는 4단계 프로세스에 대해서도 설명하고 현재의 데이터에서 불확실성을 추산하는 방법, 불확실성에 개별적으로 대응하여 옵션을 평가하는 방법 등에 대해서 소개하고 있다. 따라서 이 책은 실물옵션을 도입하려는 기업 경영자나 실무담당자에게는 필독서라 할 수 있다.

- 실물옵션이란, 불확실한 미래에 대해서 기업이 취할 수 있는 전략상의 유연성을 옵션이론으로 평가하며 경영에 관한 의사결정을 지원하는 획기적인 방법이다.
- 듀크대학의 존 그래함교수의 최근 조사에 의하면 미국의 4,000개 주요기업 중 27%가 중요한 의사결정을 내릴 때 실물옵션을 도입한다고 답했다.
- 실물옵션의 가치에 영향을 미치는 6가지 변수란,
  ① 리스크를 지닌 원자산의 가치
  ② 행사가격
  ③ 행사기간
  ④ 리스크를 지닌 원자산의 표준편차
  ⑤ 옵션 보유기간 중의 무위험 이자율
  ⑥ 원자산에서 나오는 배당
  등이다.
- 실물옵션의 가치가 최대가 되는 경우는
  ① 미래의 유연성이 크고
  ② 경영상의 유연성이 크며
  ③ 유연성을 고려하지 않는 NPV가 제로에 가까울 때다
- 실물옵션을 도입할 때 거쳐야 할 프로세스는
  ① DCF평가 모델로 유연성을 고려하지 않을 경우의 현재가치를 산출한다
  ② 이벤트 트리를 이용해서 불확실성을 모델화한다

③경영상의 유연성을 특정하여 반영시키고 의사결정 트리를 작
　성한다

④실물옵션 분석을 행한다

와 같은 4단계로 이루어진다.

● 불확실성을 통합하기 위한 몬테카를로 프로세스는

　①기대현금흐름을 이용해서 현재가치를 계산한다

　②변동하는 불확실성을 모델화한다

　③몬테카를로 시뮬레이션으로 현재가치의 분포를 구한다

　④이벤트 트리를 작성한다

와 같은 4단계로 이루어진다.

※이벤트 트리 : 이벤트 트리 분석(Event Tree Analysis:ETA) : 어떤 사
건(Event)이 시작부터 마지막 사건으로 발전해 가는 프로세스를 마치 나
무의 가지가 갈라지는 식(Tree)으로 전개해서 해석하는 방법. 특히, 초기
사상(事象)이 발생하는 확률 혹은 그 사상에서 다음 사상으로 가지가 갈라지
는 확률을 정량적으로 나타냄으로써, 중간 혹은 마지막 사상이 어느 정도의
확률로 일어날지 해석할 수 있다.

※몬테카를로 시뮬레이션 : 불확실한 수치로 난수(亂數)를 발생시켜 몇 번이나
시뮬레이션을 하는 것. 룰렛이나 주사위게임과 같은 무작위의 이벤트를 다
루는 확률게임을 볼 수 있는 카지노로 유명한 모나코의 몬테카를로에서 이
름을 따왔다.

●저자 약력

톰 코프랜드(Tom Copeland)

모니터그룹의 기업금융담당 매니징 디렉터로서 동 그룹의 파이낸스 부문을 총괄하고 있음. 세계 34개국, 200개 이상의 기업에 대한 컨설팅 경험을 보유하고 있는 기업평가의 권위자.

블라디미르 안티카로프(Vladimir Antikarow)

1992년에 모니터그룹에 합류하여 실물옵션을 이용한 컨설팅업무를 담당하고 있음.

모니터그룹

전략컨설팅을 중심으로 한 매니지먼트 서비스 집단. 경영전략론의 세계적인 권위자인 마이클 포터를 중심으로 하버드 비즈니스스쿨의 교수진에 의해 1983년에 설립됨.

「실물옵션」 목차 체계도

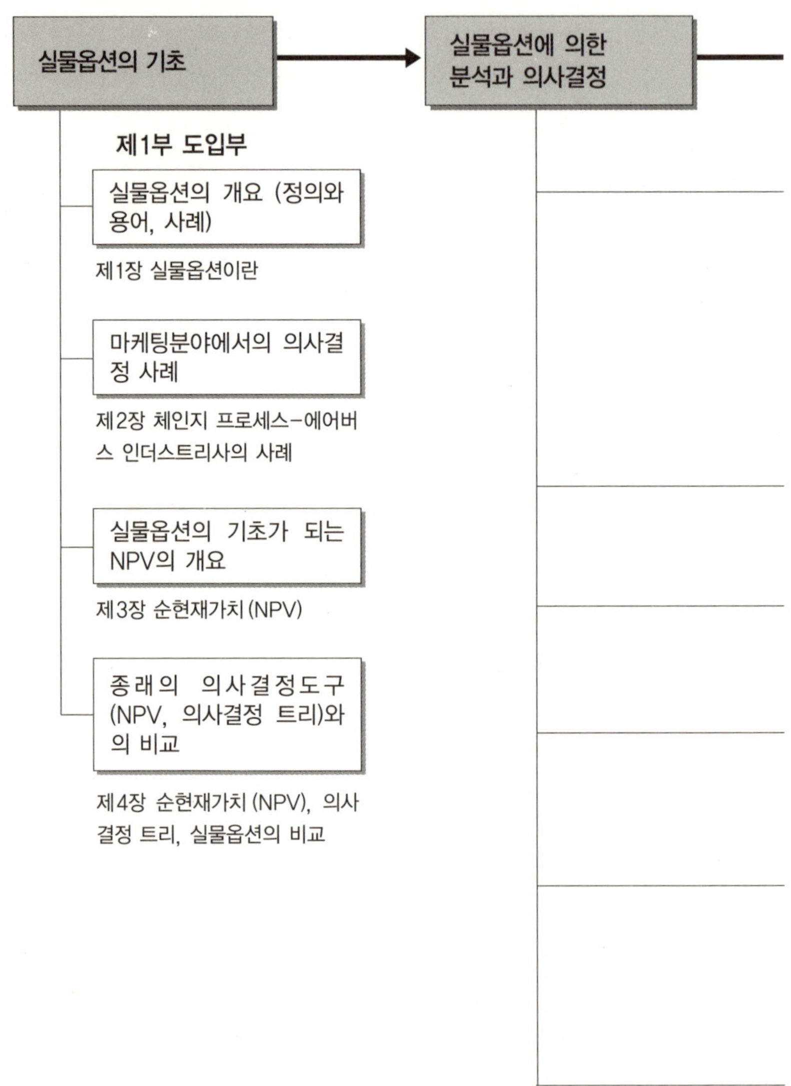

실물옵션의 기초
실물옵션에 의한 분석과 의사결정
제1부 도입부
실물옵션의 개요 (정의와 용어, 사례)
제1장 실물옵션이란
마케팅분야에서의 의사결정 사례
제2장 체인지 프로세스－에어버스 인더스트리사의 사례
실물옵션의 기초가 되는 NPV의 개요
제3장 순현재가치 (NPV)
종래의 의사결정도구 (NPV, 의사결정 트리)와의 비교
제4장 순현재가치 (NPV), 의사결정 트리, 실물옵션의 비교

실물옵션의 사례
연구와 고찰

제2부 옵션분석의 응용

단순한 옵션

제5장 단순옵션의 수치화 방법

· 콜 옵션 (연기 옵션)
· 풋 옵션 (중지, 철수 옵션)
· 확대 옵션 (확장 옵션)
· 축소 옵션 (축소 옵션)

좀더 복잡하고 현실적인 2가지 옵션

제6장 컴파운드 옵션과 스위칭 옵션

2가지 옵션의 가치평가 방법

제7장 단일 기간·단일단계에서 복수단계로

실물옵션의 프로세스

제8장 실물옵션의 평가를 위한 4단계 프로세스

복수의 불확실성을 통합하기 위한 분석(몬테카를로 분석)

제9장 변동성의 추정 : 통합적 어프로치

복수의 불확실성요인을 서로 분리하는 것이 바람직할 경우의 실물옵션

제10장 불확실성에 대한 개별 대응

제3부 사례와 난해한 문제의 고찰

복수의 불확실성을 다루기 위한 또 다른 방법

제11장 사례

좀더 복잡한 사례와 게임이론 및 실물옵션의 관계

제12징 맺음밀과 과제

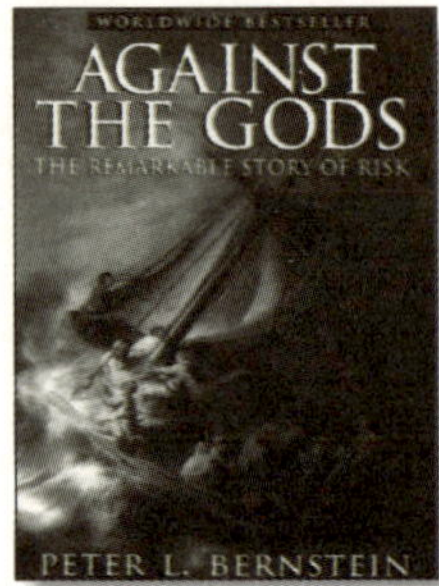

재무의 중요한 개념인 '리스크'에 관한 연구

리스크

리스크관리의 놀라운 이야기

AGAINST THE GODS, THE REMARKABLE STORY OF RISK

피터 번스타인 著 / 안진환, 김성우 譯 / 한국경제신문사 刊

🖱 **키워드**	❶ 리스크
	❷ 포트폴리오
	❸ 불확실성
	❹ 게임이론

🛠 **기능별 분류**	제너럴 매니지먼트	
	논리적 사고	
	기술경영 · 기업가 정신	
	사람(휴먼 리소스 · 조직행동)	
	물건(마케팅)	
	돈(회계 · 재무)	◎
	전략	○

🎖 **경력별 분류**	초급자	○
	중급자(매니저)	○
	상급자(시니어 매니저)	◎

1분 해설

리스크란 불확실성을 말한다. 현대의 비즈니스에서는 점점 더 불확실성이 커지고 그 불확실성을 가미한 의사결정이 필요하다. 또한 장래에 무엇이 발생할지를 잘 생각해서 몇 가지의 대체안(代替案) 중에서 특정 행위를 선택하는 능력이 요구되고 있다. 리스크를 관리함으로써 여러 가지 의사결정에 관한 지침을 내릴 수 있기 때문이다.

이 책은 리스크에 대해 인간이 어떻게 도전해 왔는지를 이야기 형식으로 보여주고 있는데, 역사를 통해서 리스크의 본질에 대해서 설명하고 독자에게 미래를 어떻게 전망하는 것이 좋은지에 대해서 시사하고 있다. 이 책은 리스크 매니지먼트의 본질을 배우기 위해서 꼭 읽어야 할 바이블이라고 할 수 있다.

요지

이 책은 '미래를 현대의 통제 아래에 두기 위해서는 어떻게 해야 하는가'에 대해서 1200년부터 오늘날에 이르기까지의 비범한 사람들의 사고를 통해 전해 주고 있다.

리스크 개념의 기원(起源)은 힌두 · 아라비아 식의 수학시스템에서 찾을 수 있을 수 있지만, 리스크에 관한 본격적인 연구는 르네상스 무렵부터 시작되었다. 그 후 현대에 이르기까지 르네상스의 승부사인 카르다노, 기하학자인 파스칼, 변호사인 페르마, 포트로열의 수도사, 그리고 다니엘 베르누이, 야곱, 가우스, 베이즈, 폰 노이만,

몰겐 슈테른, 나이트, 블랙, 숄즈, 케네스 애로, 해리 마코위츠 등과 같은 영웅들의 계량적 측면에서의 공적이 리스크의 개념을 발전시켜 왔다. 그들은 모두 리스크에 대한 인식을 바꿈으로써 손실의 가능성을 이익 기회로, 운명과 신들의 원구상(原構想)을 세련된 확률에 의거한 미래의 예측으로 바꾸고, 전혀 손쓸 방법이 없는 무력한 상태를 선택 가능한 상태로 바꾸었다.

이 책에서 소개되는 이야기는 처음의 의사결정이 정량적인 기법과 수학에 근거해서 '과거의 패턴에 의존해서 생각하는 사람들'과 '의사결정을 불확실한 장래에 대해 좀 더 주관적인 신념에 근거해서 행동하는 사람들'이라고 하는 2가지의 대립하는 생각을 지닌 사람들의 긴장관계로 나타내고 있다.

역사적인 논쟁 중에는 확률, 평균에의 회귀, 분산투자와 같은 리스크 매니지먼트는 필요 없다는 의견도 있었다. 과연 그럴까? 답은 그렇지 않다. 저자는 '인류는 객관적으로 존재하는 세계의 질서를 규정하는 법칙에 관한 완전한 지식을 갖고 있지 못하다'고 주장하고 있다. 즉, 장래에 관한 데이터를 완전히 입수할 수 없기 때문에 불합리한 행동이 일어난다는 것이다.

저자가 말하는 리스크관리의 본질은 '어느 정도 결과를 통제할 수 있는 영역을 최대화하는 한편, 결과에 대한 통제가 전혀 불가능하고 결과와 원인의 인과관계가 불분명한 영역을 최소화하는 것에 있다'는 점이다. 이는 곧, 현실의 행동에서도 확률(리스크)을 고려해서 행동해야 한다는 것을 의미한다. 또한 저자는 리스크관리가 비즈니스를 포함한 인간의 행동에 지침이 된다는 것을 강조하고 있다.

 # 독서 메모

- 두 명의 아이를 가질 경우 아이의 성별은 다음과 같이 분류된다. 즉, '두 명 모두 남자 아이', '두 명 모두 여자 아이', '남자 아이가 먼저 태어나고 여자 아이가 나중(남, 여 각 한 명)', '여자 아이가 먼저 태어나고 남자 아이가 나중(남, 여 각 한 명)'이다. 그러면 적어도 한 명의 남자 아이가 태어날 확률은 3/4이고, 따라서 아이 둘을 원하는 가정에게 적어도 한 명이 남자 아이일 확률은 75%가 되며, 남, 여 각 한 명씩 태어날 확률은 50%이다.

- 3,000개의 하얀 바둑알과 2,000개의 검은 바둑알이 들은 주머니에서 바둑알을 꺼내는 작업을 2만 5,000번 하면, 실제의 비율인 3대 2에서의 오차는 2% 이내가 된다.

- 하나의 주사위를 몇 번이나 반복해서 던질 경우, 각 숫자의 평균은 3.5가 된다. 한편, 두 개의 주사위를 몇 번이나 반복해서 던졌을 때 그 평균은 두 배인 7이 된다. 평균인 7에서 상한인 12와 하한인 2쪽으로 숫자가 가까워질수록 그 상대도수는 감소한다.

- 홍차보다 커피를 좋아하지만 우유보다는 홍차를 좋아하는 사람에게 '이쪽 컵에는 홍차와 우유가 들어 있을 확률이 반반이고 저 컵에는 커피가 들어 있습니다. 당신은 어느 것을 선택하겠습니까?' 하고 질문했을 경우, 당연히 커피 쪽을 선택하겠다고 할 것이다. 하지만, 커피나 홍차보다는 우유를 좋아하지만 홍차보다는 커피를 좋아하는 사람에게 같은 질문을 하면 처음의 경우

보다 대답이 분명하지 않을 것이다.

- 시장의 월별 표준편차의 단순평균치는 10.0%지만 분산화 포트폴리오의 실제 표준편차는 4.7%가 되는데, 이것으로 분산투자가 매우 유효하다는 것을 알 수 있다.

- 고고용(高雇傭)·고(高)인플레이션정책과 저고용(低雇傭)·저(低)인플레이션정책 중 어느 것을 선택할지에 대해서 조사했다. 실업률을 10%나 5%로 설정했을 경우, 사람들은 고인플레이션을 택해 실업률을 떨어뜨리는 쪽을 택하는 경향이 있다. 또한 고용율이 90%와 95% 사이일 때는 고용율을 5% 높이는 것보다 낮은 인플레이션 쪽을 선택했다.

- 만약 마이크로소프트사의 주가가 100달러 상승하고 옵션의 매수자가 매도자로부터 90달러에 살 수 있는 권리를 행사한다면, 옵션의 매도자는 10달러 손해를 볼 것이다. 하지만 마이크로소프트사의 주가가 83달러에 머물렀을 경우는 옵션의 매도자는 4.5달러의 프리미엄을 누릴 수 있다.

●저자 약력

피터 번스타인(Peter L. Bernstein)

1940년 하버드대학 졸업, 대학 재학 중에 레온체프 등으로부터 가르침을 받고 동기생인 하일브로너와 수석을 다투었다. 뉴욕연방은행, 뉴욕공동은행 등을 거쳐, 투자자문회사인 번스타인 맥쿼리에 입사. 1965년 동사 대표로 취임, 1973년 피터 L. 번스타인 사를 설립하여 컨설팅 업무를 개시. 세계 각지에서 강연활동을 하고 있으며 다수의 저서가 있음.

「리스크」 목차 체계도

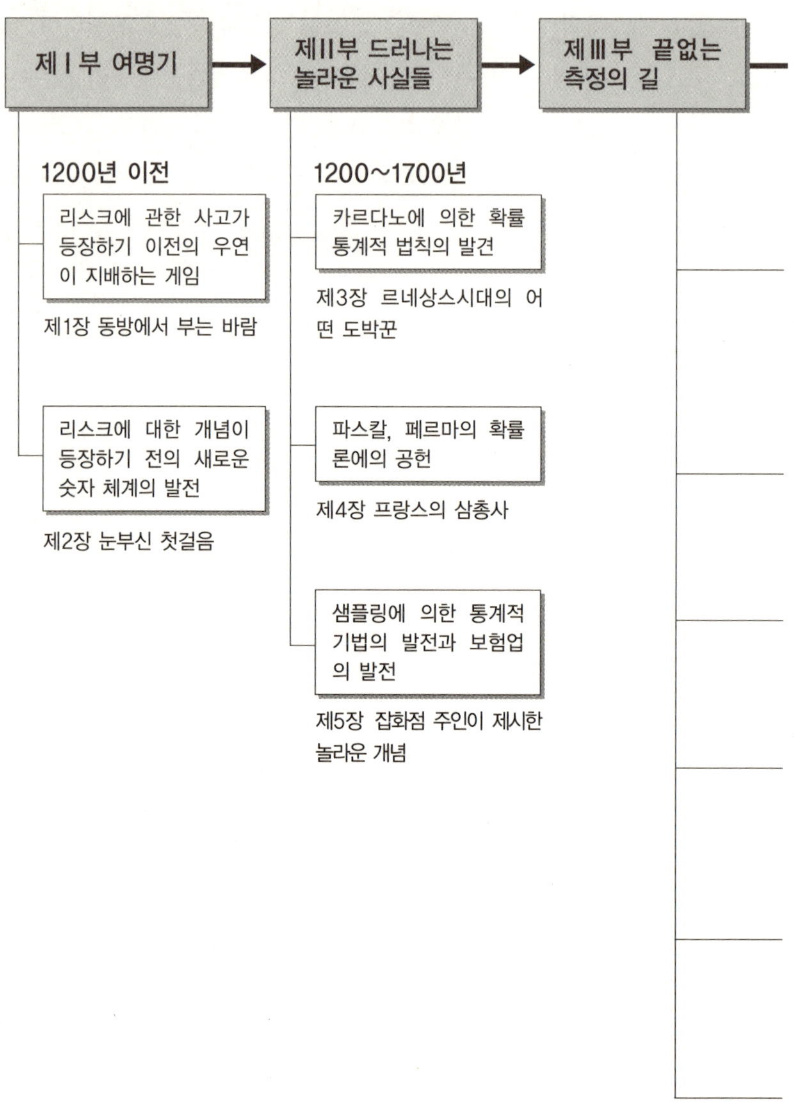

제 I 부 여명기
제 II 부 드러나는 놀라운 사실들
제 III 부 끝없는 측정의 길
1200년 이전
리스크에 관한 사고가 등장하기 이전의 우연이 지배하는 게임
제1장 동방에서 부는 바람
리스크에 대한 개념이 등장하기 전의 새로운 숫자 체계의 발전
제2장 눈부신 첫걸음
1200~1700년
카르다노에 의한 확률 통계적 법칙의 발견
제3장 르네상스시대의 어떤 도박꾼
파스칼, 페르마의 확률론에의 공헌
제4장 프랑스의 삼총사
샘플링에 의한 통계적 기법의 발전과 보험업의 발전
제5장 잡화점 주인이 제시한 놀라운 개념

→ | 제Ⅳ부 모호성을 제거하는 사람들 | → | 제Ⅴ부 신뢰도와 불확실성의 탐사

1700~1900년

부(富)의 증가에서 얻어지는 효용은 그 사람이 소유하고 있는 재산의 양에 반비례한다 : 베르누이의 견해

제6장 인간의 본성을 측정하라

정보이용과 확률의 응용을 둘러싼 일련의 진보

제7장 마음의 확신을 찾아서

리스크의 계량화에 꼭 필요한 정규분포, 표준편차

제8장 혼돈 속의 질서

롤턴이 제시한 '평균에의 회귀'

제9장 못말리는 수학자

'평균으로의 회귀'는 하나의 도구에 지나지 않는다는 유연성을 지녀야 할 필요성

제10장 완두콩과 재앙

효용 개념의 도입

제11장 행복의 구조를 짜기 위해

1900~1960년

결과에는 반드시 원인이 있지만, 인간의 원인 파악력의 부족이 우연성을 초래한다

제12장 신이 창조할 때 놓친 것

불확실성을 중시한 나이트와 케인즈

제13장 불확실성이라는 축복

게임이론과 경제활동

제14장 칼로리만 제외하고 모든 것을 센 사람

마코비치의 '포트폴리오 선택'에 의한 투자관리의 변혁

제15장 어떤 주식중개인의 제안

서로 다른 상황 아래에서의 동일 문제의 모순된 선택(불변성의 실패)에 관한 연구

제16장 불변성의 실패

합리적 행동의 개념에 따르지 않는 사람들의 행위를 이해하려고 하는 이론자경단(理論自警團)

제17장 종잡을 수 없는 투자가

리스크 매니지먼트로서의 선물·옵션

제18장 환상적인 파생상품의 세계

장래에 대한 예측이 불가능했던 것은 정보의 부족이 원인이다. 그러므로 확률, 평균으로의 회귀, 분산투자 등이 쓸모없는 것은 아니다.

제19장 자연의 야성을 기다리며

제 **7** 장 **전략**

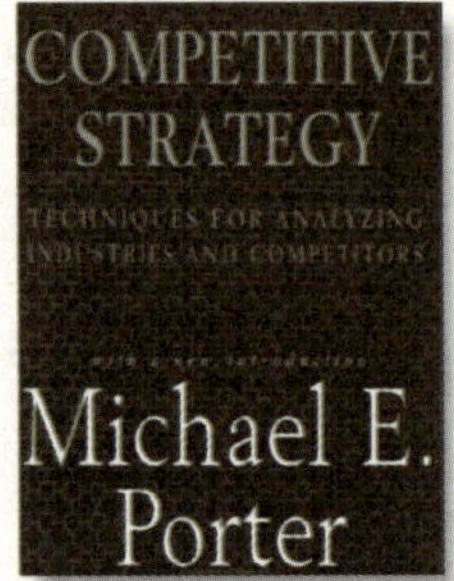

경쟁의 전략
COMPETITIVE STRATEGY

마이클 E. 포터 著

키워드	❶ 업계분석 '파이브 포스(Five-Forces)분석'
	❷ 코스트 리더십전략
	❸ 차별화전략
	❹ 집중전략

기능별 분류	제너럴 매니지먼트	
	논리적 사고	
	기술경영 · 기업가 정신	○
	사람 (휴먼 리소스 · 조직행동)	
	물건 (마케팅)	
	돈 (회계 · 재무)	
	전략	◎

경력별 분류	초급자	○
	중급자 (매니저)	◎
	상급자 (시니어 매니저)	●

　기업이 가장 중요하게 생각해야 할 것으로는 '전략'과 '전술'을 들 수 있는데, 흔히 양자의 관계를 오해하기 쉽다.

　실제로 기업 현장에서는 종업원의 능력에 차이가 있기 때문에 고민할 필요 없이 모든 업무가 그대로 따라하기만 하면 되는 매뉴얼화가 이루어지는 경우가 많다. 하지만 기본적인 능력이 요구되는 매니지먼트층은 전략의 체계를 완전히 이해한 후에 구체적인 전술이라 할 수 있는 현장의 시책에 대해서 생각하고 지시를 내릴 수 있어야 한다. 전략이 있고 나서 전술이 있다는 점을 망각하면 그것을 현실에 응용을 할 수 없고 매뉴얼 대응적인 행동밖에 할 수 없게 된다.

　이 책이 출판되기 전에도 민츠버그와 같은 전략의 대가로 불리는 학자의 명저(名著)가 있었지만, 포터만큼 전략을 경제학의 견지에서 해석하고 초(超) 구체적이라고도 할 수 있는 자세한 분석 및 세부사항을 포함한 전략체계를 확립한 인물은 없었다고 해도 과언이 아니다.

　이 책은 포터의 처녀작이기도 하면서 세계 19개국에서 번역 출판되고 있으며, 이 책의 실천편(속편)이라고 할 수 있는 《경쟁우위의 전략》과 함께 경영학의 최고봉으로 군림하는 바이블이다.

요지

이 책은 경쟁전략 수립 단계를 크게

①업계의 구조분석

②기본전략의 확정

③경쟁업자와 업계 내부에 관한 상세한 분석

④자사의 상황에 맞는 경쟁전략의 수립

과 같은 4단계로 나누어 설명하고 있다.

경쟁전략 수립의 첫 단계인 업계의 구조분석에서는,

①업계내의 기존 경쟁자

②신규 진입자의 위협

③대체품의 위협

④구매자의 교섭력

⑤판매자의 교섭력

과 같은 업계의 수익성에 영향을 미치는 5가지의 경쟁요인을 분석(파이브-포스 분석)하고, 그 중에서 가장 큰 요인이 되는 제 1결정요인을 찾아내서 그것에 대응하는 경쟁전략을 검토한다.

두 번째 단계인 기본전략에서는 '코스트 리더십전략', '차별화전략', '집중전략'과 같은 3가지의 기본 전략 중, 어느 것을 채용해서 경쟁우위를 구축할 것인지를 결정한다.

그리고 세 번째 단계에서는 경쟁업자에 대해서 꼼꼼히 분석한다. 우선 잠재적인 경쟁 상대를 포함한 경쟁업자가 누구인지를 명확히 한 후에 경쟁업자의

①장래의 목표

②가설(假說)

③현재의 전략

④능력

을 분석함으로써 공격적인 움직임(현재의 지위에 만족하는 정도, 예상되는 행동)을 예측하고 방어능력(약점, 도발, 대항행동의 효과)을 이해한다.

구매자의 선정도 경쟁전략의 중요한 부분이기 때문에

①구매자의 구매니즈와 그것에 대응하는 자사의 능력

②구매자의 성장력

③구매자의 지위

④구매자의 거래 비용

을 제대로 파악해야 한다.

판매자의 선정도 구매자의 선정과 마찬가지로 중요하다.

자사에 유리한 판매자를 찾기 위해서는,

①공급기업군(群)의 경쟁력 파악

②수직통합도의 최적 수준을 산출

③발주량을 복수의 유력 공급기업에 배분하고, 선택한 공급기업에 대해서 강력한 교섭력 행사

등과 같은 것이 중요하다.

또한 업계 전반에 걸친 분석과 함께, 자사에 합치하는 가장 세분화된 업계 내의 분석도 중요하다. 마지막 단계에는 구체적인 전략분석을 검토하기 위해서 업계 환경별 혹은 개별 전략별로 취할 수 있는

대표적인 전략의 착안점을 고려한다.

　이 책에서는 특히 전략의 착안점을 업계 환경별로는 다수난전업계(多數亂戰業界), 선진업계, 성숙업계, 쇠퇴업계, 글로벌업계의 5가지로, 개별 전략에 대해서는 '수직통합', '생산 혹은 공급능력 확대', '신규 사업에의 진입'의 3가지로 나누고 각각에 대해서 많은 지면을 할애하고 있다.

 ## 독서 메모

- 신규 진입자에 의한 위협의 정도는 진입 장벽이 얼마나 높은지에 따라 다르다. 진입 장벽에는 규모의 경제성, 제품 차별화, 거액의 투자, 거래처를 바꾸는 비용, 유통경로의 확보, 규모와는 무관한 비용 면에서의 불리, 정부의 정책 등이 있다.
- 궁지에 몰린 기업은 3가지 기본전략 중 하나라도 제대로 전략을 세울 수 없는 기업이다.
- 경쟁업자는 행동을 통해 자신들의 의도, 동기, 목표, 회사내 상황 등과 같은 마켓 시그널을 발신하고 있기 때문에 그러한 것들을 정확히 파악하는 것이 경쟁업자 분석과 전략수립에 유효하다. 예를 들어 IBM은 신제품 발매가 다 준비되기도 전에 신제품 발매를 예고하고 있는데, 그러한 예고를 통해 구매자로 하여금 경쟁업자의 제품을 사는 것을 주저하게 만들었다. 이처럼 구매자가 자사의 신제품의 발매를 기다릴 수 있도록 하는 것도 시그널이다.

● 기본전략을 정한 후, 검토해야 할 구체적인 전략으로는 수직통합, 역량(사업규모 혹은 생산능력)확장, 신규진입과 같은 3가지를 들 수 있다.

● 신규진입을 할 때는 불균형 상태에 있는 업계, 기존 기업의 반격이 늦든지, 효율적인 반격이 없을 것을 것으로 예상되는 업계, 타사와 비교해서 진입 코스트가 얼마 되지 않는 업계, 자사의 능력으로 업계구조를 바꾸는 것이 가능한 업계, 진입에 의해 자사의 기존사업에 플러스효과가 생기는 업계를 노려야 한다.

●저자 약력

마이클 E. 포터(Michael E. Porter)

미시간주 앤아버에서 출생. 프린스턴대학 항공기계공학과 졸업, 하버드 비즈니스스쿨 MBA과정 수료. 1973년부터 하버드 비즈니스스쿨에서 교편을 잡고 있음. 1982년에 동교 역사상 최연소 정교수가 됨. 여러 기업의 경영전략 고문을 맡고 있음.

주요 저서로는 《경쟁의 전략》, 《경쟁우위의 전략》, 《경쟁전략론》, 《국가의 경쟁우위》 등이 있음.

「경쟁의 전략」 목차 체계도

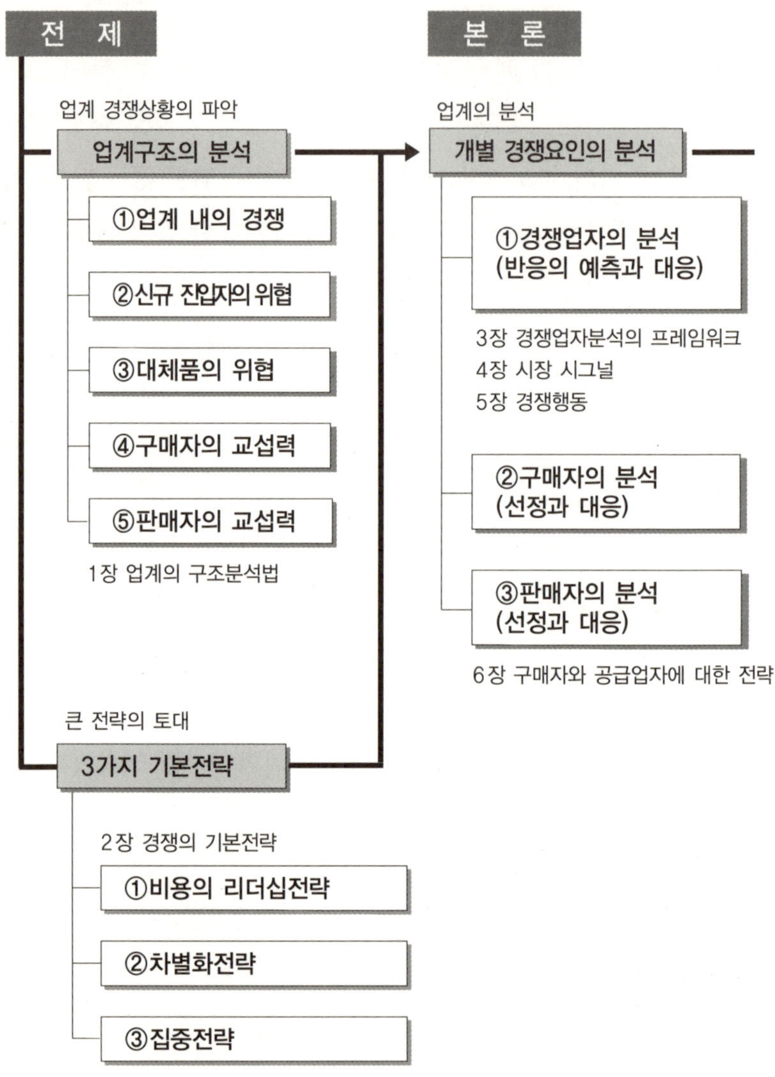

전 제
본 론
업계 경쟁상황의 파악
업계구조의 분석
①업계 내의 경쟁
②신규 잔입자의 위협
③대체품의 위협
④구매자의 교섭력
⑤판매자의 교섭력
1장 업계의 구조분석법
업계의 분석
개별 경쟁요인의 분석
①경쟁업자의 분석
(반응의 예측과 대응)
3장 경쟁업자분석의 프레임워크
4장 시장 시그널
5장 경쟁행동
②구매자의 분석
(선정과 대응)
③판매자의 분석
(선정과 대응)
6장 구매자와 공급업자에 대한 전략
큰 전략의 토대
3가지 기본전략
2장 경쟁의 기본전략
①비용의 리더십전략
②차별화전략
③집중전략

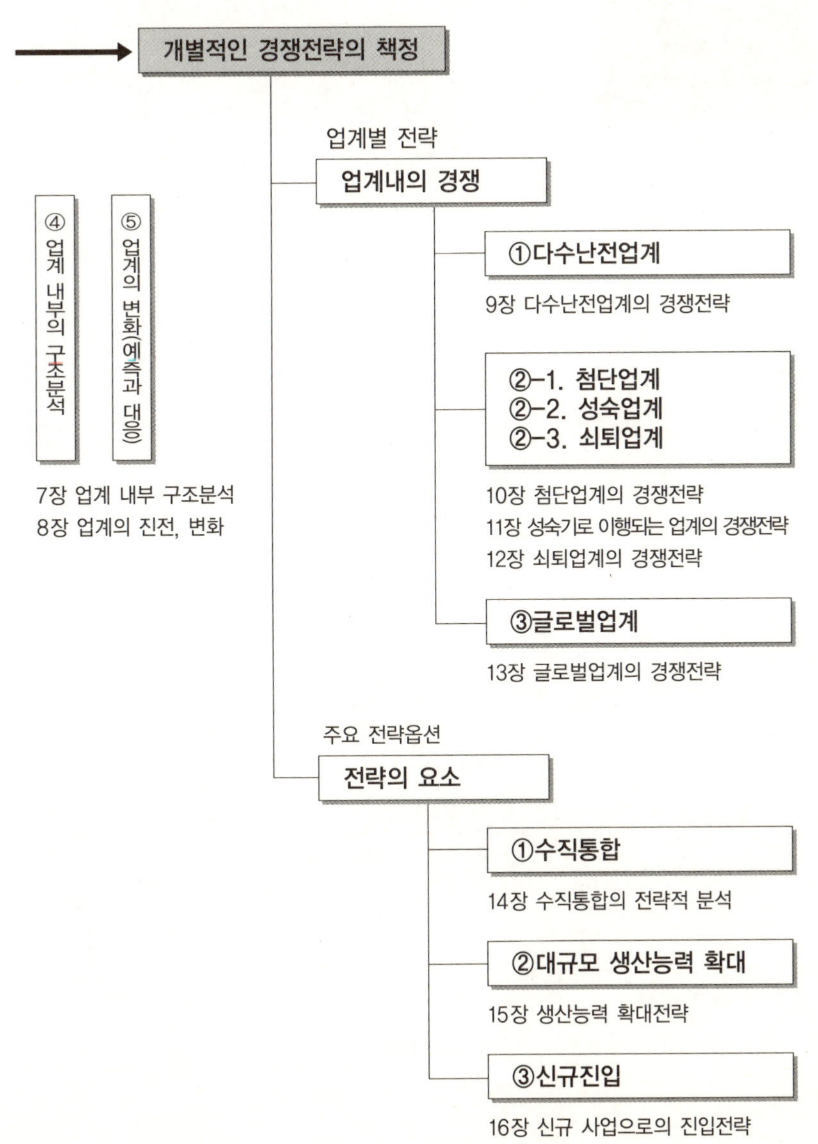

구체적인 사례

개별적인 경쟁전략의 책정

업계별 전략
업계내의 경쟁

① 다수난전업계
9장 다수난전업계의 경쟁전략

②-1. 첨단업계
②-2. 성숙업계
②-3. 쇠퇴업계
10장 첨단업계의 경쟁전략
11장 성숙기로 이행되는 업계의 경쟁전략
12장 쇠퇴업계의 경쟁전략

③ 글로벌업계
13장 글로벌업계의 경쟁전략

④ 업계 내부의 구조분석
⑤ 업계의 변화(예측과 대응)
7장 업계 내부 구조분석
8장 업계의 진전, 변화

주요 전략옵션
전략의 요소

① 수직통합
14장 수직통합의 전략적 분석

② 대규모 생산능력 확대
15장 생산능력 확대전략

③ 신규진입
16장 신규 사업으로의 진입전략

경쟁우위의 전략

어떻게 하면 높은 실적을 유지할 수 있을까?

COMPETITIVE ADVANTAGE

마이클 E. 포터 著

🖱 키워드	
	❶ 가치사슬(밸류체인)
	❷ 주요 활동
	❸ 지원 활동
	❹ 경영전략

🛠 기능별 분류		
	제너럴 매니지먼트	
	논리적 사고	
	기술경영 · 기업가 정신	○
	사람(휴먼 리소스 · 조직행동)	
	물건(마케팅)	
	돈(회계 · 재무)	
	전략	◎

🎖 경력별 분류		
	초급자	○
	중급자 (매니저)	◎
	상급자 (시니어 매니저)	●

# 1분 해설

이 책은 마이클 E. 포터가 저술한 《경쟁의 전략》의 속편이다. 《경쟁의 전략》에서는 업계와 경쟁 상대를 분석하는 프레임워크와 경쟁우위를 확보하기 위한 3가지 기본전략(코스트 리더십전략, 차별화전략, 집중화전략)을 기초로 하여 체계적인 경쟁의 규칙에 대해서 설명했지만, 이 책에서는 그 3가지 전략을 구체적으로 어떻게 실천하면 좋은지와 같은 방법에 대해서 설명하고 있다. 즉, 어떻게 하면 지속성이 있는 비용 우위를 확보하고, 경쟁 상대로부터 자사를 차별화하고, 집중전략으로 경쟁우위가 생기는 세그멘트를 확보할 수 있는지와 같은 물음에 답하기 위한 책이다. 또한 업계 내에서의 전략 수정을 통해 언제, 어떻게 경쟁우위를 확보할 수 있는지, 혹은 자사의 경쟁상 지위를 어떻게 방어할지와 같은 물음에 답하는 책이기도 하다.

이 책의 내용 중에는 '밸류체인(가치사슬)'과 같은 포터가 고안한 유명한 프레임워크를 이용해서 경쟁우위의 원천을 만들어 가는 방법을 설명하는 부분이 있다.

이 책은 《경쟁의 전략》과 마찬가지로, 자세한 분석을 통해 구축된 방대한 양의 전략체계와, 각각의 기술에 포함된 철저하고 치밀한 분석내용으로 포터 나름의 구체성과 깊이를 말해주는 명저(名著)중의 명저라 할 수 있는 책이다.

요지

　이 책은 전작인 《경쟁의 전략》에서 체계화 한 개념을 출발점으로 하여 어떻게 하면 실제로 경쟁우위를 구축하고 유지할 수 있는지에 대해 고찰하고 있다.

　책 내용의 중심이 되는 것은 경쟁우위를 분석하고 그것을 강화하는 방법을 탐색하기 위한 수단으로 소개하고 있는 가치사슬(밸류체인)이다. 가치사슬은 경쟁우위를 창출하는 원천이 어떤 구조로 이루어져 있는지 알 수 있도록 기업의 활동을 9가지의 가치창조 활동으로 분류하고 있다. 가치사슬의 어느 부분에서 경쟁우위를 나타내는지 분석하는 9가지의 가치창조 활동은 5가지의 주요 활동(①구매물류 ②제조 ③출하물류 ④판매와 마케팅 ⑤서비스)과 4가지 지원 활동(①조달활동 ②기술개발 ③인사 · 노무관리 ④기업전반 관리)으로 분류할 수 있다.

　가치사슬에서 주시할 점은

　①가치사슬 내부의 연결관계

　②수직의 연결관계(자사의 가치사슬과 공급업자 혹은 유통경로의
　　가치사슬과의 상호관계)

　③구매자의 가치사슬

등이다.

　경쟁우위를 구축하기 위한 첫째 방책인 비용 우위를 구축하는 방법은, 각 가치 활동에 대한 운용코스트와 자산을 분배하여 cost behavior(영업량 · 조업도의 변화에 따라 비용이 어떻게 바뀌는지)를 분석한다. 경쟁 상대보다도 비용 우위에 서기 위해서는 경쟁 상

대의 가치사슬을 파악해서 자신의 코스트를 상대보다 낮게 하는 원천을 명확히 파악하는 것이다. 그리고 비용 우위를 구축하기 위한 방법으로는 '코스트 추진요인의 통제', '가치사슬의 재편성'과 같은 2가지 방법이 있다.

경쟁우위를 구축하기 위한 또 다른 방책인 차별화도 가치사슬을 이용해서 어느 부분이 차별화의 원천이 되는지를 분석할 수 있다. 차별화를 이루는 데 결정적으로 중요한 것은 구매자의 가치사슬인데, 구매자의 비용을 낮추든지, 구매자의 실적을 올림으로써 그들의 가치 창조에 기여하는 것이 차별화에서 가장 중요하다.

한편, 집중전략에서 선별하는 세그멘트는 업계 내에서 구매자의 니즈와 코스트 비헤비어의 상반된 부분이다. 그리고 경쟁 우위를 구축하기 위한 계획을 세울 때, 업계 내의 경쟁 분야와 그것이 경쟁 우위와 어떤 관계를 지니는지도 고려할 필요가 있다. 이 책의 후반부에서는 전사전략(全社戰略)의 관계, 불확실성에의 대응 등 구체적인 상황을 설정해서 방대한 정보를 포함한 전략체계의 실행성을 시뮬레이션 하고 있다.

📖 독서 메모

- 항공운송업계에서 서로 경쟁하고 있는 피플익스프레스사와 유나이티드항공은 탑승구에서의 고객대응, 승무원정책, 항공기 운행 등에서 차이를 나타내며 양사의 가치사슬 또한 다르다.
- 비용 우위를 확보하기 위해서는 '코스트 추진요인의 통제',

‘가치사슬의 재편성’의 2가지 방법이 있다. 코스트추진 요인의 통제는 구체적으로 규모, 숙련도, 생산·공급능력의 이용효과, 연결 관계, 상호 관계, 통합, 타이밍, 정책, 입지, 제도 요인 등을 통제하는 것을 말한다. 가치사슬의 재편성은 구체적으로 생산 공정의 변경, 자동화설비의 변경, 간접판매에서 직접 판매로의 변경, 새로운 원재료의 도입, 새로운 광고매체의 이용 등을 말한다.

● 차별화의 질을 높이기 위해서는 ‘현재의 가치 활동 실행 방법을 좀더 특이하게 한다’, ‘특이성이 향상되도록 가치사슬을 재편성한다’와 같은 2가지 방법이 있다.

● 기술은 경쟁우위를 구축하기 위한 강력한 요인으로, 비용우위와 차별화라는 두 가지 전략에 모두 큰 기여를 한다.

● 그러한 기술의 역할을 분석하는 프레임워크도 가치사슬이다. 기업은 경쟁 우위를 구축하기 위해서 기술전략을 입안하는데, 그 때의 의사결정은 ‘어떤 기술을 개발해야 하는가?’, ‘해당 기술 분야에서 기술리더십을 추구해야 하는가?’, ‘기술공여의 역할을 해야 하는가?’ 등과 같은 과제의 답을 정하는 것이다.

● 업계 리더를 공략하는 방법은 크게 나누어
　①가치사슬의 재편성
　②경쟁분야 폭의 재정의
　③지출의 단순 증가
　와 같은 3가지 방법이 있다.

●저자 약력

마이클 E. 포터(Michael E. Porter)

미시간주 앤아버에서 출생. 프린스턴대학 항공기계공학과 졸업, 하버드 비즈니스스쿨 MBA과정 수료. 1973년부터 하버드 비즈니스스쿨에서 교편을 잡고 있음. 1982년에 동교 역사상 최연소 정교수가 됨.

여러 기업의 경영전략 고문을 맡고 있음.

주요 저서로는 《경쟁의 전략》, 《경쟁우위의 전략》, 《경쟁전략론》, 《국가의 경쟁우위》 등이 있음.

「경쟁우위의 전략」 목차 체계도

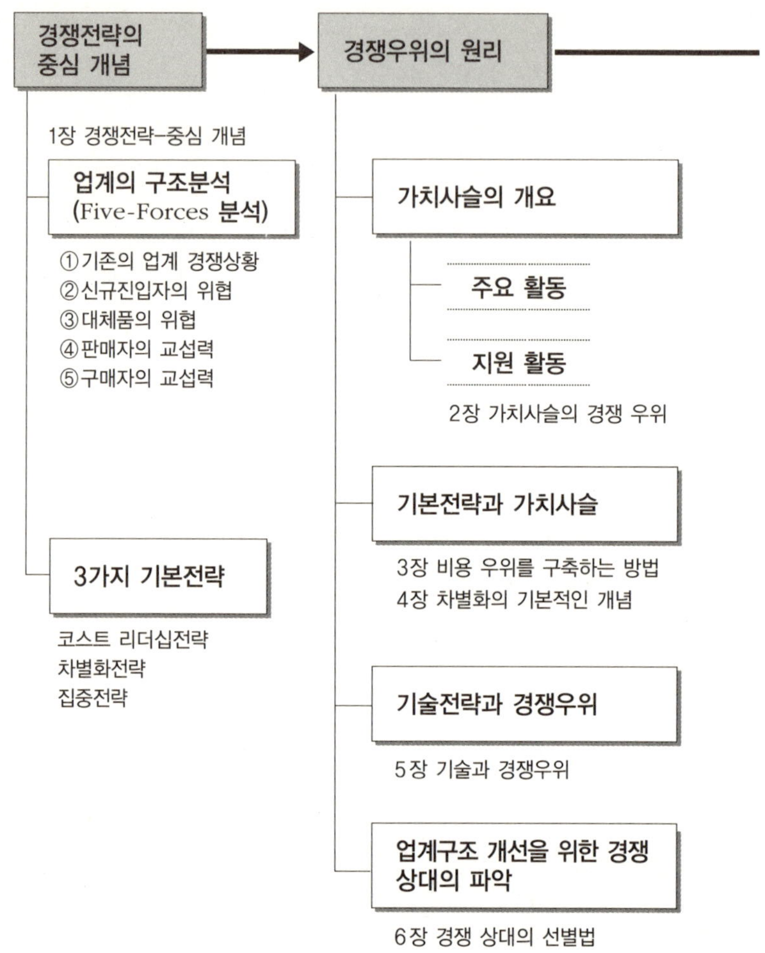

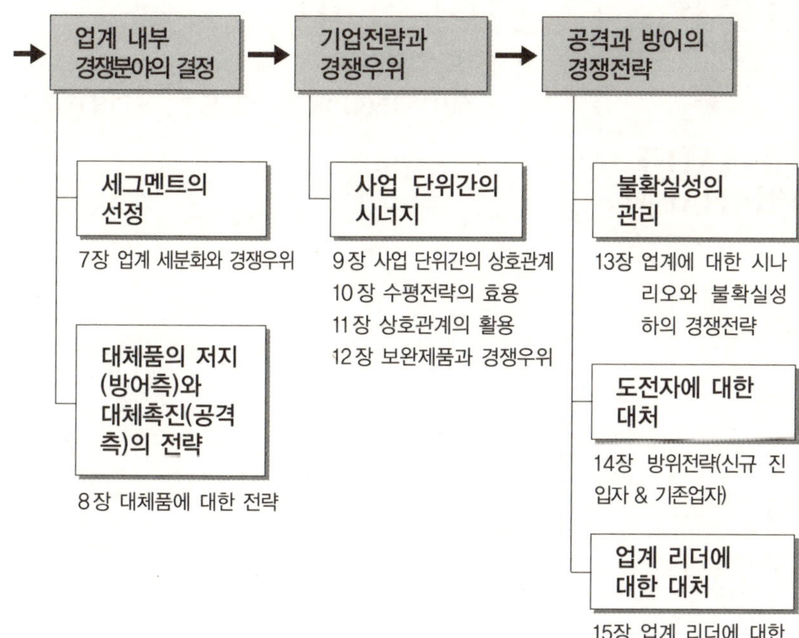

업계 내부 경쟁분야의 결정
기업전략과 경쟁우위
공격과 방어의 경쟁전략
세그멘트의 선정
7장 업계 세분화와 경쟁우위
대체품의 저지(방어측)와 대체촉진(공격측)의 전략
8장 대체품에 대한 전략
사업 단위간의 시너지
9장 사업 단위간의 상호관계
10장 수평전략의 효용
11장 상호관계의 활용
12장 보완제품과 경쟁우위
불확실성의 관리
13장 업계에 대한 시나리오와 불확실성 하의 경쟁전략
도전자에 대한 대처
14장 방위전략(신규 진입자 & 기존업자)
업계 리더에 대한 대처
15장 업계 리더에 대한 공격전략

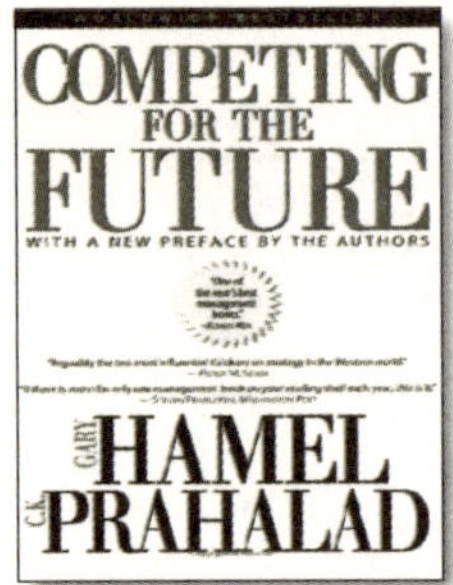

코어 컴피턴스 경영

미래로의 경영전략

COMPETING FOR THE FUTURE

게리 하멜, C.K. 프라할라드 共著

키워드	❶ 경영전략
	❷ 코어 컴피턴스
	❸ 전략설계도
	❹ 스트레치전략, 레버리지전략

기능별 분류		
제너럴 매니지먼트	
논리적 사고	
기술경영 · 기업가 정신	○
사람(휴먼 리소스 · 조직행동)	
물건(마케팅)	
돈(회계 · 재무)	
전략	◎

경력별 분류		
초급자	○
중급자(매니저)	○
상급자(시니어 매니저)	◎

 ## 1분 해설

　1990년대의 미국 기업은 다운사이징, 리스트럭처링, 리엔지니어링에 힘을 쏟고 있었다. 이러한 것들은 단기간에 효과를 발휘하기 때문이다. 하지만 슬림화된 업무 프로세스의 효율화를 추구하는 것으로 근본적인 개선은 불가능했다. 중요한 것은 미래에도 기업이 계속 성장하기 위한 전략적 방책이다. 이러한 점을 지적한 사람이 바로 이 책의 저자인 게리 하멜과 C.K.프라할라드다. 저자는 제품의 조합이나 자원배분을 생각하기 전에 기업이 미래에도 경쟁력을 유지하고 지속적으로 성장해 가기 위해서는 전혀 새로운 경쟁우위를 구축하여 경쟁의 룰을 바꾸어 버리는 것이 중요하다고 지적했다. 그리고 이를 위해서는 기업의 중핵적인 능력(코어 컴피턴스)을 향상시킬 필요가 있다는 점을 강조하고 있는데, 그 대표작이 바로 이 책이다.

　이 책은 제목에서 느끼는 명쾌한 이미지보다 더 많은 메시지를 얻을 수 있으며 '이론의 깊이'를 느낄 수 있는 명저이다.

 ## 요지

　규모의 최소화나 업무 프로세스의 변혁은 중요하다. 하지만 그것은 현재의 비즈니스를 보강하기 위한 것이지 미래의 산업을 창출하는 것은 아니다. 기업전략은 가격설정, 제품에 부가해야 하는 새로운 제품특징 등 현재의 산업을 전제로 한 문제뿐 아니라 미래의 산업

구조 구축에 대한 문제도 포함해야 한다. 그리고 전략을 설정할 때
는 과거의 틀이나 성공에 안주하지 않고 미래의 성공을 위해 과거의
어떤 것을 회사의 강점으로 활용하고, 도움이 안 되는 과거의 유산
은 무엇인지를 명확히 파악해야 한다.

저자는 그 과정으로 미래에 대비한 경쟁을 사전에 상정하여 3가지
의 서로 다른 관점에서 경쟁자에 대응할 수 있는 전략을 만들어낼 필
요가 있다고 설명하고 있다.

우선 '산업의 미래를 이미지하는 경쟁'에서 5년 후 또는 10년 후
의 고객에 대한 부가가치를 상정하고 그것을 위해서는 무엇이 필요
할지 생각한다. 그 다음에 '미래 구상을 유리하게 전개하기 위한 경
쟁'에서는 단순히 경쟁에 이기는 것이 아니라 상정한 미래에 얼마나
빨리 대응하여 좀더 많은 이익을 획득할 수 있는지 연구하는 것이다.
그리고 그러기 위해서는 무엇이 필요한지를 상정하고 계획을 짤 필
요가 있는데, 바로 이 단계에서 경쟁에서 승리할 수 있는지의 여부
를 결정짓는 요인이 정해진다. 마지막의 '점유율을 높이는 경쟁'은
제품의 컨셉트가 이미 확립되어 타사와의 경쟁관계도 명확해져 업계
혹은 산업이 경쟁격화 상태에 접어든 후의 경쟁을 말한다. 이 단계
에서는 새삼 경쟁 상대에게 위협적인 강점을 보이면서 비교우위를
나타내는 것은 매우 어렵다. 따라서 이 책에서는 마지막의 경쟁에
대해서는 따로 언급하고 있지 않다.

이 책의 중요한 메시지로는 점유율을 높이는 경쟁의 전단계인 '산
업의 미래를 이미지하는 경쟁'과 '미래의 구상을 유리하게 전개하는
경쟁'을 충분히 하고 난 연후에 점유율을 높이는 경쟁을 고찰해야 한
다는 점을 들 수 있다.

- 경영자가 회사의 미래를 전망하기 위해 소비하는 시간은 평균적으로 하루의 3% 미만이다 (독창적인 미래의 관점을 제시하기 위해서는 적어도 수 개월간 20%에서 50%는 필요).

- 경영간부나 컨설턴트는 개별적인 제품개발 프로세스, 경쟁제품, 경쟁자와의 싸움에 비중을 두지만 이는 장거리 경주에서 마지막 1,000미터를 문제로 삼는 것에 지나지 않는다.

- 모토롤라는 전화번호가 특정 장소에 부여된 것이 아니라 개인에게 부여되어 있는 세상을 이미지화 했다. 그런 세상에서는 작은 휴대용 전화기를 사용하면 어디에 있더라도 연락을 취할 수 있고, 최신 통신기기로 음성뿐만 아니라 화상이나 데이터까지 송신할 수 있다고 생각했다. 모토롤라는 이러한 이미지를 실현하기 위해서 디지털 압축이나 박형(薄型) 디스플레이, 전지기술을 향상시켜야 한다고 인식했다.

- 1970년대의 NEC의 전략설계도는 동사를 세계적인 기술리더로 만드는 데 기여했다. NEC는 통신산업과 컴퓨터산업이 매우 밀접한 관계를 지니며 발전할 것으로 파악하고, 시스템화와 디지털화라는 2가지 국면에서 전개하는 전략설계도를 작성하여 컴퓨터와 통신을 접점으로 하는 비즈니스 시즈(Seeds)를 개화(開花)시키기 위해서 필요한 기업능력을 정하고 코어 컴피턴스를 구축했다.

- 경쟁우위성이 있는 코어 컴피턴스를 구축하기 위해서는 다음과 같은 8가지 과정을 밟는다.

①코어 컴피턴스를 명확히 하기 위한 프로세스를 구축한다

②전략 구축과 기업능력의 획득을 지향하는 사내 횡단적인 프로세스에 전략적 사업부가 관여한다

③회사의 성장과 신규 사업개발의 순서를 명확히 한다

④코어 컴피턴스를 관리하는 역할을 명확히 한다

⑤중요한 코어 컴피턴스의 자원을 미리 준비하도록 한다

⑥경쟁사에 대항해서 경쟁력을 높일 수 있도록 한다

⑦현재와 미래의 코어 컴피턴스의 상태를 꼼꼼히 관측한다

⑧조직 내에 코어 컴피턴스의 소유를 자각하는 집단을 형성한다

● 경쟁에서 확실히 승리하기 위해서는 경쟁사보다 시장의 수요를 빨리 알아내서 어떤 성능의 제품이 요구되고 있는지를 파악하는 것이 중요하다. 즉, 비용을 가능한 한 줄이면서 빠른 속도로 시장진입을 반복하는 탐색적 마케팅이 필요하다.

●저자 약력

게리 하멜(Gary Hamel)

런던 비즈니스스쿨의 국제경영 담당 교수. 모토롤라, 포드, 다우케미칼 등과 같은 기업을 컨설팅하는 등 국제적으로 활약하고 있음.

C.K. 프라할라드(C. K. Prahalad)

미시건 대학 비즈니스스쿨 교수(기업전략, 국제비즈니스 담당). 이스트만 코닥, AT&T, 하네웰 등과 같은 기업의 컨설턴트로도 활약.

「코어 컴피턴스 경영」 목차 체계도

경쟁의 단계
1장 악순환으로부터의 탈피
2장 미래를 위한 경쟁
3장 과거를 잊는다

미래를 위한 경쟁

1. 미래를 예상하는 경쟁

- 산업의 추진력을 잘 이해해서 산업의 미래를 전망한다
- 창조적인 관점을 지니고 산업이 미래에 어떻게 진화할지를 탐구한다
- 미래에 대한 관점을 전략설계도에 그려 넣는다

2. 미래 구상을 유리하게 전개하는 경쟁

- 제품이나 사업보다는 강점이 되는 기업능력의 조합을 고려한다
- 기업능력의 강화를 위해, 시장의 변화를 신속히 학습하는 능력을 배양한다
- 장래의 수요를 좀더 빨리 알아내고(탐색적 마케팅), 그 시장의 극대화를 지원하기 위한 판매망, 개발력과 같은 기업능력을 갖춘다

현재 상황에서의 경쟁

3. 점유율을 높이는 경쟁

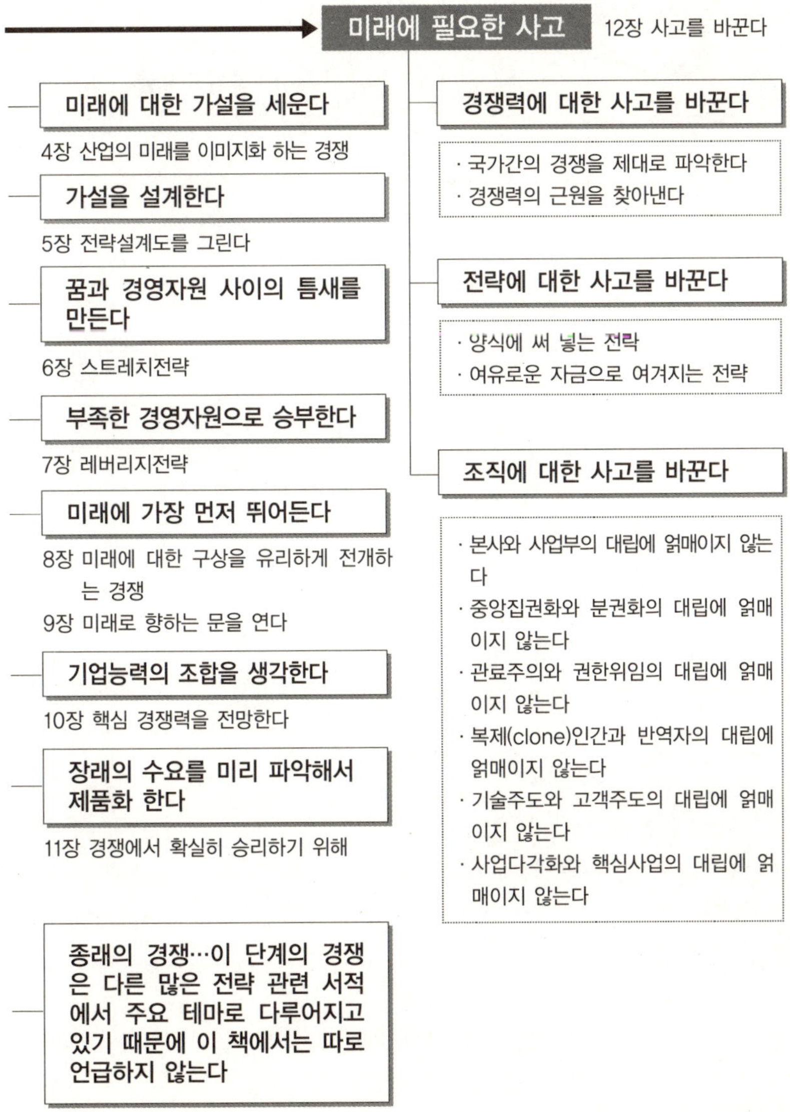

미래에 필요한 사고 | 12장 사고를 바꾼다

미래에 대한 가설을 세운다

4장 산업의 미래를 이미지화 하는 경쟁

가설을 설계한다

5장 전략설계도를 그린다

꿈과 경영자원 사이의 틈새를 만든다

6장 스트레치전략

부족한 경영자원으로 승부한다

7장 레버리지전략

미래에 가장 먼저 뛰어든다

8장 미래에 대한 구상을 유리하게 전개하는 경쟁
9장 미래로 향하는 문을 연다

기업능력의 조합을 생각한다

10장 핵심 경쟁력을 전망한다

장래의 수요를 미리 파악해서 제품화 한다

11장 경쟁에서 확실히 승리하기 위해

종래의 경쟁…이 단계의 경쟁은 다른 많은 전략 관련 서적에서 주요 테마로 다루어지고 있기 때문에 이 책에서는 따로 언급하지 않는다

경쟁력에 대한 사고를 바꾼다

· 국가간의 경쟁을 제대로 파악한다
· 경쟁력의 근원을 찾아낸다

전략에 대한 사고를 바꾼다

· 양식에 써 넣는 전략
· 여유로운 자금으로 여겨지는 전략

조직에 대한 사고를 바꾼다

· 본사와 사업부의 대립에 얽매이지 않는다
· 중앙집권화와 분권화의 대립에 얽매이지 않는다
· 관료주의와 권한위임의 대립에 얽매이지 않는다
· 복제(clone)인간과 반역자의 대립에 얽매이지 않는다
· 기술주도와 고객주도의 대립에 얽매이지 않는다
· 사업다각화와 핵심사업의 대립에 얽매이지 않는다

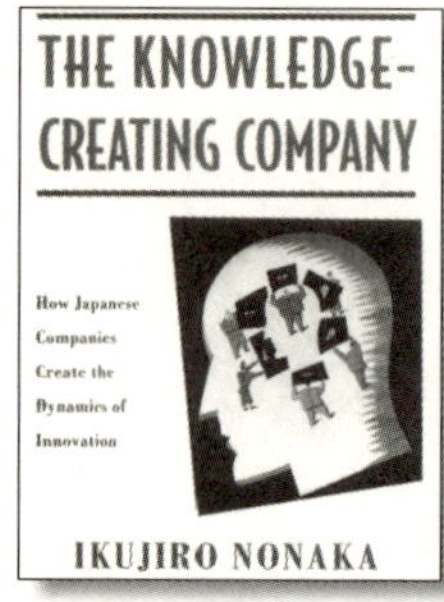

전략적인 지식의 관리창조에 관한 연구

지식창조기업
THE KNOWLEDGE-CREATING COMPANY

노나카 이쿠지로, 다케우치 히로타카 共著 /
장은영 譯 / 세종서적 刊

키워드	
❶ 지식창조	
❷ 형식지, 암묵지	
❸ 공동화, 표출화, 연결화, 내면화	

기능별 분류	
제너럴 매니지먼트	
논리적 사고	
기술경영 · 기업가 정신	○
사람(휴먼 리소스 · 조직행동)	○
물건(마케팅)	
돈(회계 · 재무)	
전략	◎

경력별 분류	
초급자	○
중급자(매니저)	○
상급자(시니어 매니저)	◎

 ## 1분 해설

　지식은 종래 구미 선진국에서는 명백하고 형식적이며 체계적인 것, 즉 형식지(形式知)로 여겨졌지만 일본에서는 한 마디로 표현하기 어려운 암묵적인 것, 즉 암묵지(暗默知)로 여겨져 왔다.

　이 책은 주로 일본 기업을 분석한 내용을 기초로 하여 지식창조라는 컨셉트에 의해 기획, 제품개발, 인사, 생산, 마케팅, 회계, 재무 등 매니지먼트의 여러 분야를 재구축하는 새로운 경영학의 패러다임을 제창하고 있다.

　이 책은 일본인이 저술한 경영서로 세계에서 통용되는 얼마 되지 않는 책 중 하나며 세계직으로 높은 평가를 받고 있는 서적이다. 경영전략론의 세계적 권위자인 마이클 E. 포터는 이 책을 일본에서 세계로 발신하는 '경영이론의 진정한 프론티어'로 평가하고 있다. 또한 이 책은 <이코노미스트>, <월스트리트저널> 등과 같은 경제지로부터도 높은 평가를 받고 있는 명저이니 꼭 읽어 보기 바란다.

 ## 요지

　지식은 크게 나누어 형식지(形式知)와 암묵지(暗默知)가 있다. 형식지란 객관적이면서도 형식적인 지식으로 언어로 전달할 수 있는 지식을 말한다. 암묵지는 개인이 지닌 주관적인 지식으로, 형식화 한다든지 다른 사람에게 전달하는 것이 곤란한 지식을 말한다. 저자가 제창하는 동적(動的)인 지식창조 모델은 이 두 가지 지식의 사회적 상

호작용을 통해 확대되는 것으로

    ① 개인의 암묵지에서 집단의 암묵지를 창조하는 '공동화'

    ② 암묵지에서 형식지를 창조하는 '표출화'

    ③ 개별적인 형식지에서 체계적인 형식지를 창조하는 '연결화'

    ④ 형식지에서 암묵지를 창조하는 '내면화'

와 같은 4가지 방법이 있다. 그리고 여기에 시간의 개념을 도입하면 이 네 가지가 상호 작용하는 나선형 구조를 형성한다.

또 다른 차원에서는 개인에 따라 창조되는 지식이 상호 작용하여 집단 레벨, 조직 레벨의 지식으로 바뀐다. 또한 나선형 구조에 의해 조직 레벨에서 창조된 지식이 사업부 레벨, 회사 레벨, 조직간 레벨의 지식으로 바뀐다. 이렇게 해서 이노베이션이 생기는 것이다.

이 책의 후반부에서는 조직적 지식창조를 위해 바람직한 매니지먼트 프로세스나 조직구조에 대해서 설명하고 있다.

저자가 제창하는 매니지먼트 프로세스는 미들(중간 관리층)이 톱(최고 경영층)과 라인 매니저(각 분야의 현장 책임자)를 연결하는 역할을 담당하고, 톱이 가진 이상과 현장의 사원이 직면하는 생생한 비즈니스의 현실을 연결하는 '가교 역할'을 하는 이른바 '미들 업다운 매니지먼트'이다.

또한 조직구조로서는 일상적인 업무를 행하는 '비즈니스 시스템층', 개발 등의 지식창조활동을 행하는 '프로젝트팀층', 그리고 이들 두 층에서 창조된 지식을 조직 전체의 재산으로 공유하기 위한 '지식 베이스층'의 세 층이 있다. 그리고 이들로부터 지식을 창조하는 사이클을 육성하기 위해서는 '하이퍼 텍스트형 조직'이 유효하다고 설명하고 있다.

- 혼다자동차의 시티(모델명)는 암묵지를 형식지로 바꾸고 있는데, 표현하기 어려운 것을 표현하기 때문에 비유나 상징을 많이 사용하고 있다. 지식을 넓히려면 개인의 지식이 다른 사람에게도 공유되어야 한다. 그리고 이 새로운 지식은 애매함과 장황함에 의해 만들어 진다.

- 마쓰시타 전기의 가정용 제빵기 개발에서는 제빵 책임자의 반죽을 만드는 기능이라는 암묵지를 '공동화'에 의해 조직 전체에 퍼뜨리고, 조직 간의 경계를 넘어 그 지식을 이전(移轉) 시켜 지식변환을 촉진하는 조직적 요건을 강화했다. 그리고 그러한 조직적 지식창조가 끊임없이 이어지는 연속적 이노베이션 프로세스로 만들었다.

- 미들 업다운 매니지먼트의 좋은 예는 캐논의 미니 복사기 개발이다. 캐논은 미들 업다운 매니지먼트를 채용함으로써 맥주캔에서 힌트를 얻어, 쓰고 버리는 카트리지를 저비용으로 제조하는 프로세스 기술을 개발할 수 있었다.

- 샤프사는 각 사원이 비즈니스 시스템층 혹은 프로젝트팀층 중 어느 하나에 속하지만 회사 조직은 프로젝트팀이 완전히 비즈니스 시스템층으로부터 독립된 좀더 완벽한 하이퍼 텍스트형 조직으로 구성되어 있다.

- 닛산의 프리메라의 경우는 일본인 사원을 유럽에 파견해 해외 시장에 관한 암묵지를 몸으로 익히게 하고 (공동화), 제조 노하우에 관한 일본의 암묵지를 외국인 사원에게 익히게 (표출화)

함으로써 지식창조를 세계규모로 확대한 좋은 사례이다.

● 실무자가 조직적으로 지식을 창조하기 위해서는

①지식 비전을 만든다

②지식의 구루 (Guru, 지도자)를 편성한다

③기업의 최전선에서 상호작용을 하는 장을 만든다

④신제품개발의 프로세스에 같이 참여한다

⑤미들 탑다운 매니지먼트를 채용한다

⑥하이퍼 텍스트형 조직으로 전환한다

⑦외부 세계와의 지식 네트워크를 구축한다

등이 중요하다.

●저자 약력

노나카 이쿠지로 (Ikujiro Nonaka)

1935년생. 일본의 와세다 대학 정치경제학부 졸업. 후지전기제조㈜ 에서 근무한 후, 캘리포니아대학 경영대학원(버클리대)에서 박사학 위 취득. 난잔(南山)대학 경영학부 교수와 방위대학교 교수를 거쳐 현 재는 히토쓰바시(一橋)대학 국제기업전략대학원 교수로 재직하고 있 다. 그리고 캘리포니아대학 버클리에서 제록스지식학 특별명예교수 를 겸임하고 있음.

다케우치 히로타카 (Hirotaka Takeuchi)

1946년생. 일본의 국세기독대학 졸업. 굉고회사 근무를 거친 후, 캘 리포니아대학 경영대학원(버클리대)에서 MBA와 박사학위 취득. 하 버드대학 경영대학원 조교수를 거쳐 현재는 히토쓰바시대학 국제기 업전략대학원장으로 재직하고 있음.

「지식창조기업」 목차 체계도

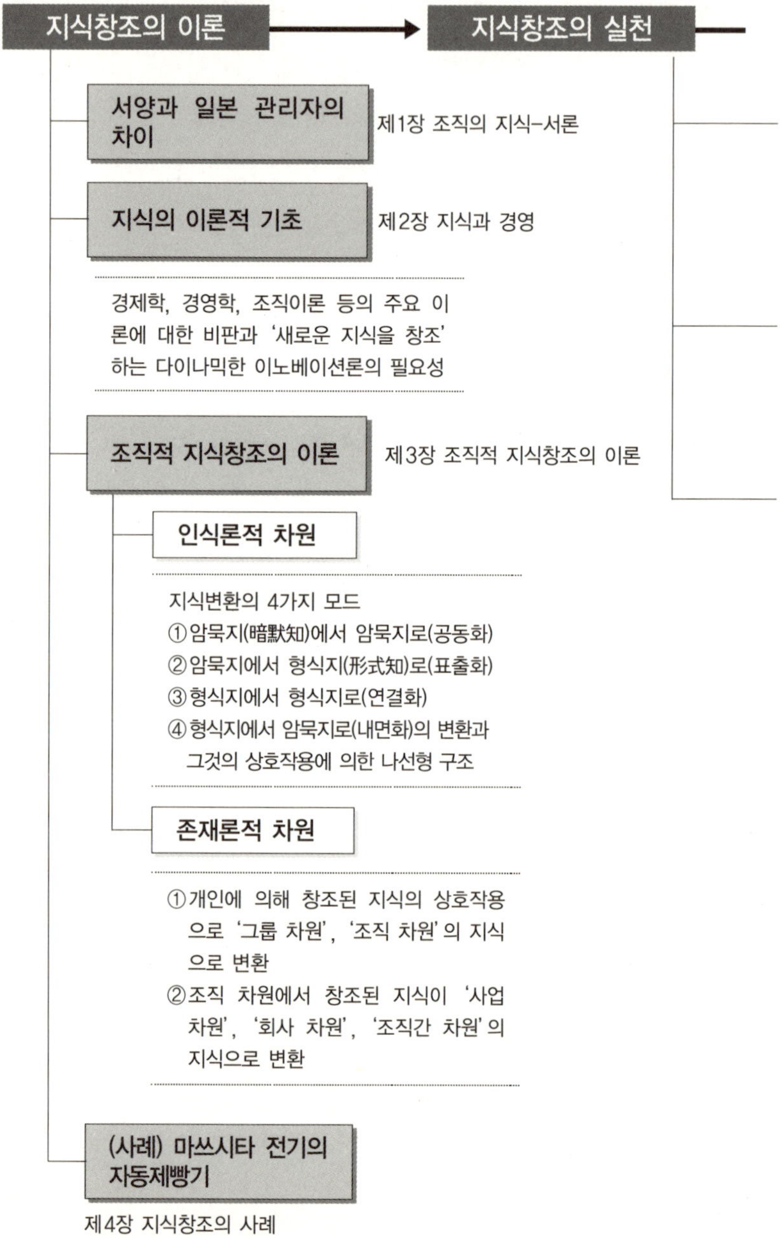

지식창조의 이론 → 지식창조의 실천

서양과 일본 관리자의 차이
제1장 조직의 지식-서론

지식의 이론적 기초
제2장 지식과 경영

경제학, 경영학, 조직이론 등의 주요 이론에 대한 비판과 '새로운 지식을 창조'하는 다이나믹한 이노베이션론의 필요성

조직적 지식창조의 이론
제3장 조직적 지식창조의 이론

인식론적 차원

지식변환의 4가지 모드
① 암묵지(暗默知)에서 암묵지로(공동화)
② 암묵지에서 형식지(形式知)로(표출화)
③ 형식지에서 형식지로(연결화)
④ 형식지에서 암묵지로(내면화)의 변환과 그것의 상호작용에 의한 나선형 구조

존재론적 차원

① 개인에 의해 창조된 지식의 상호작용으로 '그룹 차원', '조직 차원'의 지식으로 변환
② 조직 차원에서 창조된 지식이 '사업 차원', '회사 차원', '조직간 차원'의 지식으로 변환

(사례) 마쓰시타 전기의 자동제빵기
제4장 지식창조의 사례

이 책의 성과와 2가지 함의(含意)

제8장 실천적 제안과
이론적 발견

'미들 업-다운 매니지먼트'
~조직적 지식창조에 적합~

제5장 지식창조를 위한 매니지먼트 프로세스

'하이퍼 텍스트형 조직'
~지식창조에 적합한 조직구조~

제6장 새로운 조직창조

(사례)닛산과 신캐터필라미쓰비시
~지식창조를 세계 규모로 확대~

제7장 글로벌한 조직적 지식창조

실무적 제안

실천가가 조직적 지식창조를 할 때 필요한 가이드라인
1)지식비전을 만든다
2)지식구루(Guru, 지도자)를 편성한다
3)기업 최전선에 긴밀한 상호작용의 장을 만든다
4)신제품개발의 프로세스에 같이 참여한다
5)미들 업-다운 매니지먼트를 채용한다
6)하이퍼 텍스트형 조직으로 전환한다
7)외부 세계와의 지식 네트워크를 구축한다

이론적 발견

이항대립(二項對立)을 초월한 상호보완적인 이항으로 볼 필요성
1. 암묵적/명시적
2. 신체/정신
3. 개인/조직
4. 톱-다운/바텀-업
5. 관료제/태스크포스
6. 릴레이 경주/럭비
7. 동양/서양

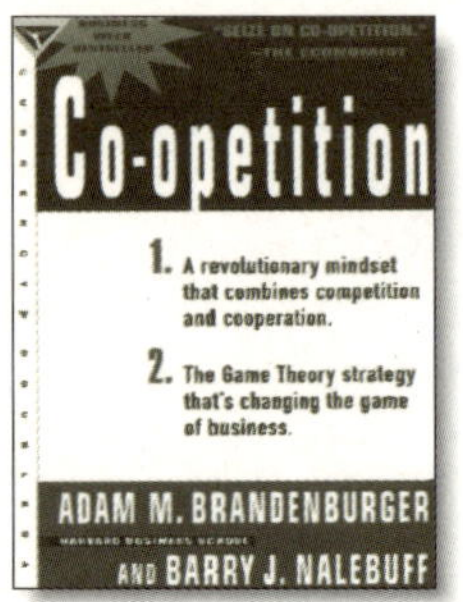

게임이론을 활용한 전략영역의 협조전략에 관한 연구

게임이론으로 성공하는 경영

경쟁과 협조의 코페티션전략

Co-opetition

배리 J. 네일버프, 아담 M. 브란덴버거 共著

🖱 키워드	
	❶ 게임이론
	❷ 의사결정
	❸ 가치상관도
	❺ 플레이어, 부가가치, 룰, 전술, 범위(PARTS)

⚒ 기능별 분류		
	제너럴 매니지먼트	
	논리적 사고	
	기술경영 · 기업가 정신	○
	사람 (휴먼 리소스 · 조직행동)	
	물건 (마케팅)	
	돈 (회계 · 재무)	○
	전략	◎

🏅 경력별 분류		
	초급자	○
	중급자 (매니저)	○
	상급자 (시니어 매니저)	◎

이 책은 게임이론을 활용한 성장전략을 근거로 내용을 전개하고 있다.

흔히 비즈니스는 전쟁에 비유된다. '경쟁업자를 물리친다', '시장 점유율을 획득한다', '고객을 도망가지 못하게 한다'와 같은 표현은 전쟁을 연상시키고 글로벌화와 경쟁자의 출현으로 경쟁의 관점도 점점 더 중요해지고 있다.

하지만 오늘날의 비즈니스에서는 그러한 표현이 반드시 적절하지만은 않다. 공급업자와 친밀한 관계를 구축하고 동업 타사와 전략적 제휴를 맺는 등 반드시 전쟁이 아닌 경우도 있기 때문이다.

이 책은 경쟁과 협조의 새로운 틀을 제공하는 것에 목적이 있다. 저자의 말을 빌리면 '비즈니스는 파이를 만들 때는 협력하고 그 파이를 나눌 때는 경쟁한다'라는 것이 비즈니스의 본질이다. 저자는 이러한 경쟁과 협조의 틀을 '코페티션 경영'이라고 명명하고 있다. 코페티션(Co-opetition)은 코오퍼레이션과 컴피티션(Co-operation, competition)을 합성한 단어인데, 경쟁 상대를 물리치는 것뿐만 아니라 게임을 자사에게 유리한 쪽으로 구축하는 방책을 게임이론으로 설명하고 있다.

 요지

협조와 경쟁을 동시에 전개하기 위해 게임이론을 활용한다. 우선은 각 플레이어간의 협조와 경쟁을 분석한다. 분석을 위해 '가치상관도(Value Net)'라는 도표를 작성해서 각 플레이어간의 상호의존도를 명확히 한 후, 게임이론을 활용한다.

자사에게 유리하게 전개하기 위해서는 게임을 바꿔 나가야 한다. 저자는 게임을 바꾸기 위해서는 아래의 5가지의 기본요소 중 적어도 한 요소를 바꿀 필요가 있다고 한다. 저자가 거론한 기본요소란

① Players(플레이어)

② Added Values(부가가치)

③ Rules(룰)

④ Tactics(전술)

⑤ Scope(범위)

와 같은 5가지를 말하며, 이들의 머리글자를 따서 'PARTS'라고 부르기도 한다.

이 책의 제2부에서는 이러한 요소들을 각각 한 장(章)씩 엮어, 각 요소를 자사에게 유리하게 바꿔가는 방책에 대해서 자세히 설명하고 있다.

저자는 비즈니스에서의 게임은 다른 게임과는 달리 항상 변화하고 있다고 설명하고 있다. 즉, 게임은 항상 진행 중이며 금방 새로운 상황이 발생한다는 것이다. 게다가 다른 플레이어도 게임을 바꾸려 하기 때문에 변화에 적응해서 수시로 게임을 변경할 필요가 있다고 주장하고 있다. 이 책의 마지막 장에서는 위에서 설명한 5가지의

각 요소와 관련해서 게임을 바꾸기 위한 체크리스트에 대해 기술하고 있다.

 독서 메모

- 비즈니스는 '전쟁'임과 동시에 '평화'다, 그리고 전쟁과 평화는 동시에 일어난다.
- 대학의 가치상관도를 보면 학생·학부모·정부·기부자 등은 고객이며, 타 대학·기업·병원·박물관 등은 경쟁 상대, 교직원·고등학교·경영관리자 등은 공급자, 컴퓨터·주거·호텔·타 지역 기업 등은 보완적 생산자다.
- 게임기 생산업체인 닌텐도는 부가가치를 바꾸었다. 게임기의 공급이 항상 부족하게 함으로써 토이저러스와 같은 구매자의 부가가치를 낮추었다. 또한 보호 칩이나 1년에 5종류 이상의 게임소프트를 만들지 않겠다는 계약 조항으로 소프트웨어 개발자의 부가가치를 낮추었다.
- GM은 GM카드에 주력함으로써 룰을 바꾸었다. 즉, GM카드 보유자는 카드 사용금액의 5%를 포인트로 적립하여 신차 구입이나 리스를 할 때 가격 할인을 받을 수 있게 했다. GM은 자사의 자동차를 선호하는 사람에게만 할인 혜택을 주어 효과적으로 두 종류의 가격을 설정한 셈이다. 이렇게 함으로써 포드가 가격을 올릴 수 있게 되었고 GM과 포드 양사 모두 가격을 안정시킬 수 있어서 쌍방이 이기는 게임이 되었다.

- 마이크로소프트사의 프리젠테이션 소프트웨어인 파워포인트는 초창기에 하버드그랙픽사의 판매량에 크게 뒤졌다. 그래서 마이크로소프트사는 매출 향상을 위해 제품 가격을 내렸는데, 이것이 오히려 구매자로 하여금 동사 제품의 품질이 떨어진다는 인식을 주었다. 그래서 전술을 바꾸어 가격은 그대로 두고, 워드나 엑셀과 함께 '마이크로소프트 오피스'라는 하나의 세트로 판매하여 소비자들에게 390달러나 하는 프리젠테이션 소프트웨어가 공짜로 들어 있다는 인식을 심어주어 오늘날의 지위를 구축했다.

- 또 다른 게임기 제작업체인 세가는 범위(Scope)를 바꿈으로써 성공할 수 있었다. 8비트 게임은 닌텐도가 독점하고 있었기 때문에 소리와 화상이 뛰어나고 가격도 비싼 16비트 게임기 시장에 진입하여 시장 리더로서의 지위를 구축했다.

- 유도(柔道)는 일반적으로 체중이 무거운 사람에게 유리하다. 하지만 상대의 몸무게를 역으로 이용해서 싸울 수 있다. 즉, 적의 강점을 약점으로 만드는 것이다. 비즈니스에서의 '유도 전략'이란, 기존 기업의 강점을 불리한 조건으로 바꾸어 버림으로써 도전자가 기회를 얻는 전략을 말한다. 세가엔터테인먼트가 콘솔게임기의 리더인 닌텐도를 물리친 것이 좋은 예다.

- 코페티션으로 비즈니스에 창조성과 선견성(先見性)을 부여하여 좀더 많은 이익과 개인적인 만족을 얻을 수 있는 제품을 만들 수 있다.

●저자 약력

배리 J. 네일버프(Barry J. Nalebuff)
예일대학 스쿨오브매니지먼트 교수.
《Thinking Strategically》의 공동저자. 아메리칸 익스프레스, 시티
뱅크, 맥킨지, 프록터 앤 갬블 등과 같은 기업에 대한 컨설팅을 수행
하고 있음.

아담 M. 브란덴버거(Adam M. Brandenburger)
하버드 비즈니스스쿨 교수. 인텔, 피델리티, 하니웰, 멜크 등과 같
은 기업에서 게임이론을 기업경영 차원에서 응용하는 컨설팅을 하고
있음.

「게임이론으로 성공하는 경영」 목차 체계도

제1부 비즈니스상의 게임 : 게임의 개요

게임의 기초

**코페티션경영의 개략
(경쟁과 협조를 동시에 할 필요성)**

序章 비즈니스는 '전쟁과 평화'

**플레이어간의 경쟁과 협조를 분석
하기 위한 '가치상관도'**

제1장 코페티션 (Co-opetition)적 사고

**코페티션을 위한 게임이론과 5가
지 기본요소**

제2장 '힘'은 어디에서 결정되는가 –게임이론

①플레이어

②부가가치

③규칙

④전술

⑤범위

제2부 전략에서의 'PARTS'

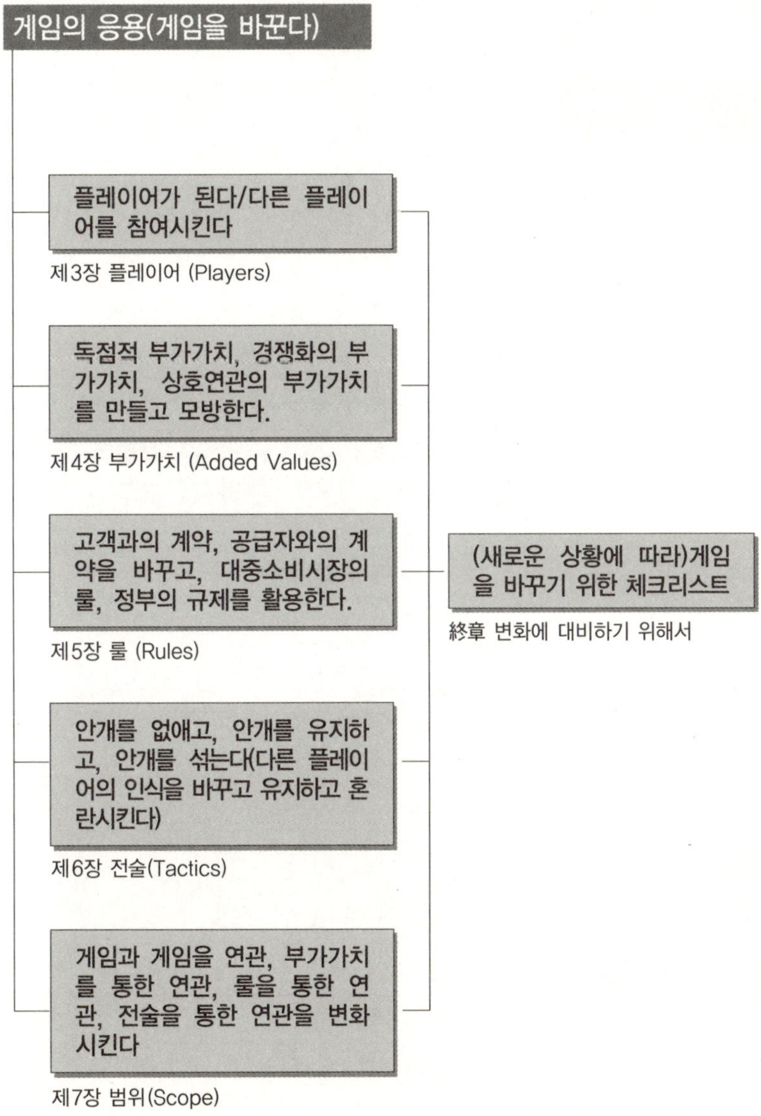

게임의 응용(게임을 바꾼다)

플레이어가 된다/다른 플레이
어를 참여시킨다

제3장 플레이어 (Players)

독점적 부가가치, 경쟁화의 부
가가치, 상호연관의 부가가치
를 만들고 모방한다.

제4장 부가가치 (Added Values)

고객과의 계약, 공급자와의 계
약을 바꾸고, 대중소비시장의
룰, 정부의 규제를 활용한다.

제5장 룰 (Rules)

안개를 없애고, 안개를 유지하
고, 안개를 섞는다(다른 플레이
어의 인식을 바꾸고 유지하고 혼
란시킨다)

제6장 전술(Tactics)

게임과 게임을 연관, 부가가치
를 통한 연관, 룰을 통한 연
관, 전술을 통한 연관을 변화
시킨다

제7장 범위(Scope)

(새로운 상황에 따라)게임
을 바꾸기 위한 체크리스트

終章 변화에 대비하기 위해서

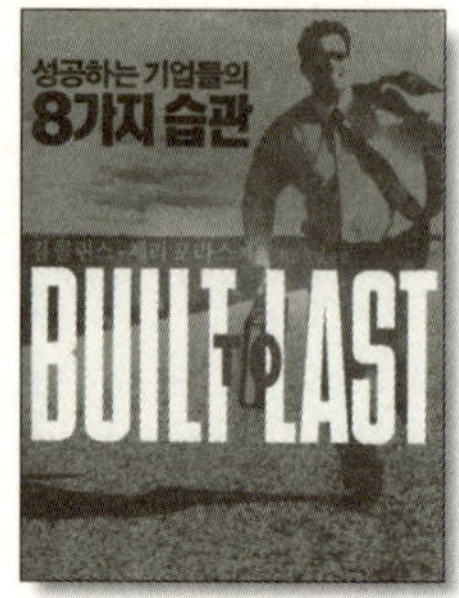

성공하는 기업들의 8가지 습관

BUILT TO LAST: SUCCESSFUL HABITS OF VISIONARY COMPANIES

제임스 C. 콜린스, 제리 I. 포라스 共著 /
워튼 포럼 譯 / 김영사 刊

🖱 키워드	
❶ 전략
❷ 리더십

🛠 기능별 분류		
제너럴 매니지먼트		○
논리적 사고		
기술경영 · 기업가 정신		○
사람 (휴먼 리소스 · 조직행동)		○
물건 (마케팅)		
돈 (회계 · 재무)		
전략		◎

🎖 경력별 분류		
초급자		○
중급자 (매니저)		○
상급자 (시니어 매니저)		◎

 ## 1분 해설

우수한 기업을 선정해서 그 기업의 장점을 분석한 책인 《엑설런트 컴퍼니》에서 소개한 기업 중, 많은 수가 그 이후 경영부진으로 어려움을 겪거나 시장에서 철수했다. 그래서 저자는 특정 기간에만 성공을 거두는 기업이 아닌, 시대를 초월해서 통용되는 우수 기업 18개 사를 철저히 분석했고, 그 기업을 성공으로 이끈 본질을 규명했다. 그것을 책으로 펴낸 것이 바로 이 책이다. 본서는 1994년 출판된 이래, 미국에서만 100만 부 이상 팔린 밀리언셀러가 되었다.

이 책은 기업이 번영을 지속하기 위해서는 기본 이념과 진보를 향한 의욕을 조직의 구석구석까지 침투시켜야 한다는 점을 설명하고 있다. 그리고 그를 위해서는 조직이나 팀, 그리고 개인의 목표, 전략, 행동, 급여체계 등과 같은 제도나 그것을 뒷받침하는 구체적인 시책이 일관성과 정합성을 유지하면서 운용되어야 한다는 점을 강조하고 있다.

경영의 유행에 휩쓸린다든지 기술적인 전략론에 현혹되기 쉬운 경영자에게 많은 시사점을 전해 주는 명저다.

 ## 요지

이 책은 우선 서두에서 지금까지 기업이 실적을 향상시키기 위해서 필요하다고 여겨져 왔던 12가지의 신화(神話)를 거론하고 있다. 예를 들어 '좋은 사업을 시작하기 위해서는 훌륭한 아이디어가 필요하

다’, ‘비저너리 컴퍼니에는 확실한 비전을 지닌 카리스마적인 지도자가 필요하다’, ‘특히, 성공을 거두고 있는 기업은 이익추구를 최대의 목적으로 삼고 있다’, ‘비저너리 컴퍼니에는 공통되며 올바른 기본가치가 있다’, ‘변함없는 진리는 계속해서 변해가는 것이다’, ‘우량 기업은 위험한 상황을 만들지 않는다’, ‘비저너리 컴퍼니는 누구에게나 훌륭한 기업이다’, ‘크게 성공한 기업은 치밀하고 복잡한 전략을 세워 최선의 행동을 취하고 있다’, ‘근본적인 변화를 도모하기 위해서는 CEO를 사외에서 스카우트해 와야 한다’ 등과 같은 신화다.

하지만 저자는 자세한 리서치 결과를 예로 들어, 신화는 이미 무너졌으며 그것이 어떤 이유와 방식으로 무너졌는지를 설명하고 있다. 또 저자는 그것을 증명하기 위해서 이론의 기둥이 될만한 4가지 개념을 설명하고 있다.

①때를 알리는 예언자가 되지 말고 시계를 만드는 기술자가 되라 (스스로가 설계자가 될 것. 카리스마적인 경영자는 필요 없다).

②AND의 재능을 중시하라 (A와 B 중, 어느 하나만이 아닌 양쪽 모두가 가능한 제 3의 옵션을 생각한다).

③기본이념을 견지하며 진보를 추구하라 (무조건 변하는 것이 중요한 것은 아니다. 자신들에게 가장 중요한 이념이 흔들려서는 안 된다).

④일관성을 유지하라 (이념이나 비전과 행동, 룰 등에 모순이 있어서는 안 된다).

저자는 마지막에 ‘일관성을 유지하라’는, 모든 것의 대전제가 되는 것으로 특히 중요하다고 강조했다. 이는 곧, 이념의 내용이 아니라 그것을 얼마나 굳게 믿고 있는지, 또 회사의 여러 부문에서 얼마나 일관되게 실현되고 있는지가 중요하다는 뜻이다.

　저자는 우수 기업에 얽힌 12가지의 신화를 부정하고, 현실을 직시하면서도 가장 중요한 이념적 뿌리는 흔들림 없이 유지하며 진보시켜 나갈 것을 강조하면서 비즈니스맨이 비저너리 컴퍼니를 만들기 위한 중요한 시사점을 제공하고 있다.

 독서 메모

- 사업에 관한 구체적인 아이디이를 지니는 것이 훌륭한 회사를 만드는 필요조건은 아니다. 오히려 어떤 사업 아이디어를 확실하고 계속적으로 구현할 수 있는 공통이념을 지니고, 그러한 공통이념에 근거해서 일관성 있게 행동하는 룰과 그것에 공감하는 조직을 만드는 것이 훌륭한 회사를 만드는 필요조건이다.
- 훌륭한 회사에는 비전을 지닌 카리스마적인 리더는 필요 없다. 위대한 지도자보다는 오히려 장기적인 전망을 세우고 오랫동안 지속될 수 있는 조직을 만드는 것에 주력하는 리더가 필요하다.
- 성공을 거두로 있는 회사는 단순한 이익이 아니라 기본적 가치관이나 목표 등의 기본이념을 중시하면서 그 결과로서 (장기적인) 이익을 거두는 회사다.
- 성공하는 회사에 '공통된' 기본적 가치관은 존재하지 않는다. 오히려 각 기업별로 단순한 구호로 그치는 것이 아니라 일관성을 지니며 조직 구석구석의 여러 행동에 영향을 미치는 기본적

가치관이 존재할 뿐이다.

● 무조건 변혁하는 것이 능사가 아니다. 기업이 지속적으로 성공을 거두기 위해서는 전술은 바꿀지언정, 기본적 가치관은 절대 바꿔서는 안 된다.

● 반드시 보수적인 회사가 성공하는 것이 아니다. 불확실성이 높은 중요한 국면에서 대담한 목표를 세우고 리스크를 떠안는 회사가 성공한다.

● 훌륭한 회사는 누구에게나 좋은 것은 아니다. 존재의식이나 달성해야 할 사항들이 기본적 가치관과 목적으로 설정되어 있기 때문에 그러한 이념에 공감할 수 있는 자만이 제대로 활약할 수 있다.

● 훌륭한 회사는 치밀하고 복잡한 전략보다는 유연성을 가지고 수많은 도전을 통해 얻어진 얼마 되지 않는 성공사례를 바탕으로 계획을 세운다.

● 훌륭한 회사가 약 1700년이나 되는 역사 중, 사외에서 CEO를 초빙한 예는 2개 회사, 총 4번에 불과하다. 이는 기본적 가치관이나 목적과 같은 이념의 공유가 중요하다는 점을 보여 주는 예다.

● 훌륭한 회사는 경쟁 상대보다는 자기 자신과의 경쟁에서 이기는 것을 가장 중요하게 생각한다. 아무리 경쟁 상대를 물리치더라도 만족할 수 있는 최종 목표점은 존재하지 않는다.

● 훌륭한 회사는 양자택일이 아니라 좋은 것을 동시에 추구하는 것을 전제로 하여 방법을 강구한다.

● 훌륭한 회사를 만들기 위해서는 기본이념을 사업 현장에 침투

시키기 위해 수많은 세심한 수단을 사용하는 활동을 지속적으로 행해야 한다.

●저자 약력

제임스 C. 콜린스(James C. Collins)

스탠포드 대학 교수. 맥킨지 앤드 컴퍼니, 휴렛팩커드에서도 근무한 경험이 있음.

제리 I. 포라스(Jerry I. Porras)

스탠포드 대학 교수. 전문분야는 조직개발과 리더십 등과 같은 조직이론. 미육군, 록히드, GE 등에서 근무한 경험이 있음. 이 책의 데이터수집, 분석방법을 기초로 한 소프트웨어 '오르가니제이션 스트림 어낼리시스'의 공동 개발자이기도 함.

「성공하는 기업들의 8가지 습관」 목차 체계도

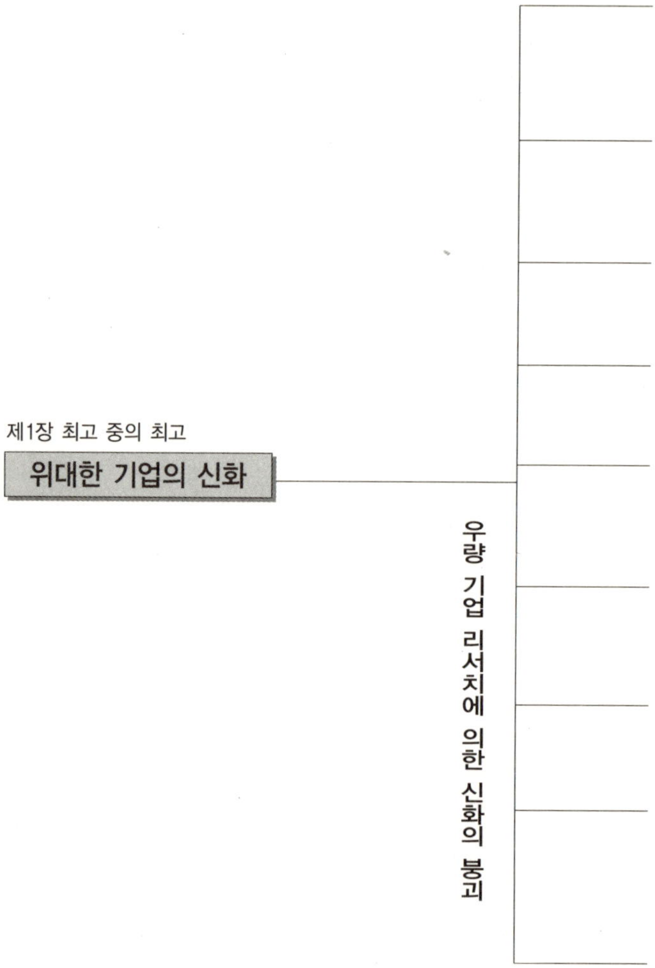

제1장 최고 중의 최고

위대한 기업의 신화

우량 기업 리서치에 의한 신화의 붕괴

제2장 시간을 알려주지 말고 시계를 만들어 주어라

신화1 : 우수한 아이디어가 있어야 한다?
신화2 : 카리스마 지도자가 있어야 한다?

제3장 이윤추구를 넘어서

신화3 : 이익추구가 최대목적?
신화4 : 공통되고 올바른 기본적 가치관은?

제4장 핵심을 보존하고 발전을 자극하라

신화5 : (기본이념도)변화를 계속한다?

제5장 크고 위험하고 대담한 목표

신화6 : 위험을 택하지 않는다?

제6장 사교(私敎)같은 기업문화

신화7 : 누구에게나 훌륭한 직장?

제7장 많은 것을 시도하고 잘 되는 것에 집중하라

신화8 : 면밀하고 복잡한 전략이 있어야 한다?

제8장 내부에서 성장한 경영진

신화9 : 사외 CEO가 필요하다?

제9장 끊임없는 개선추구

신화10 : 경쟁자와의 경쟁이 있어야 한다?

공통 테마(삽화 포함)

신화11: 상반되는 것을 동시에 획득하지 않는다?
신화12: 경영자가 선견적인 발언을 하고 있다?

제10장 시작의 끝

일관성을 추구

· 전체상을 그린다
· 작은 것에 신경 쓴다
· 집중포화를 맞게 한다
· 자신의 페이스를 유지한다
· 모순을 없앤다
· 원칙을 유지하면서 새로운 방법을 고안한다

제11장 비전 세우기

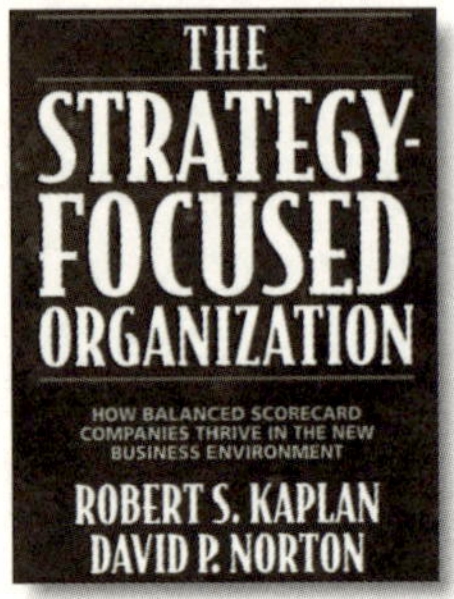

재무회계분야 외의 지표도 포함한 전략 실행 도구

전략 밸런스드 스코어카드
THE STRATEGY - FOCUSED ORGANIZATION

로버트 S. 카플란, 데이비드 P. 노턴 共著

키워드	
❶ 밸런스드 스코어카드	
❷ 전략맵	
❸ 재무의 관점, 고객의 관점, 내부 비즈니스 프로세스의 관점, 학습과 성장의 관점	

기능별 분류		
제너럴 매니지먼트	
논리적 사고	
기술경영 · 기업가 정신	
사람(휴먼 리소스 · 조직행동)	○
물건(마케팅)	○
돈(회계 · 재무)	○
전략	◎

경력별 분류		
초급자	○
중급자(매니저)	○
상급자(시니어 매니저)	◎

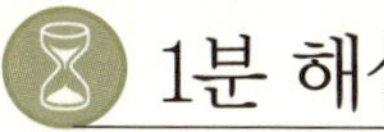

1분 해설

저자인 카플란과 노턴은 이 책을 저술하기 전에 《밸런스드 스코어카드》를 저술(19개국의 언어로 번역 출판 됨)했는데 그 당시 밸런스드 스코어카드의 목적은 실적 측정 문제를 해결하기 위한 것이었다.

하지만 실제로 그것을 도입한 기업을 살펴보았더니 실적 측정보다 훨씬 중요한 전략 실행을 목적으로 밸런스드 스코어카드를 이용하고 있다는 사실을 발견했다. 즉, 밸런스드 스코어카드가 전략과 액션(행동)의 괴리를 메우고 구체적인 활동으로 이어지게 하는 프레임워크로서 활용되고 있었던 것이다. 밸런스드 스코어카드를 도입한 여러 기업에서는 전략과 액션과의 연관성을 명확히 한 후에 그 효과를 측정하기 위해 그것을 활용하여 도입 1, 2년 만에 실적을 크게 향상시켰다.

이 책은 그러한 도입 사례를 소개한 후, 개별 기업이 매니지먼트상의 중요 프로세스를 전략과 부합되게 실행하고 실적을 향상시키는데 도움이 될 수 있는 논리적이면서도 포괄적인 어프로치를 제공하고 있다.

또한 이 책은 많은 사례와 문헌을 소개하고 있는 것이 특징인데, 앞으로 밸런스드 스코어카드를 도입하고자 하는 기업이나 도입을 지원하는 컨설턴트에게는 필독의 책이다.

🖎 요지

저자는 기업의 경영환경에 관한 분석과 책정된 전략의 실행이 제대로 이루어지지 않는 경우가 많은데, 이는 전략이 나날이 변화하고 있음에도 그것을 측정하는 도구가 효과적이지 못하기 때문이라고 설명하고 있다.

여태까지는 단순히 투자의 성과나 효율을 나타내는 재무적 실적평가 지표만을 실적 측정의 근거로 삼는 경우가 많았지만 장기적인 관점에서는 경쟁이 격화되고 있는 시장에서 살아남기 위해 지속적인 발전을 지탱할 수 있는 경쟁우위를 구축할 필요가 있다. 저자는 이를 위해서 재무적 실적평가 지표뿐만 아니라 재무지표에 혼을 불어넣을 수 있는 의지가 담긴 다른 기준도 설정해서 함께 실현할 수 있도록 노력해야 한다고 설명하고 있다. 그 기준은 다름 아닌 '①재무적 관점'과 함께 '②고객의 관점' '③사내 비즈니스 프로세스의 관점' 그리고 '④학습과 성장의 관점'인데, 이는 밸런스드 스코어카드의 4가지 근간이기도 하다.

한편, 단순한 실적 평가의 새로운 도구가 아니라, 기업의 비전이나 전략의 실현 그리고 조직의 각 계층의 의식이나 방향성을 구체화시키기 위해서는 이 밸런스드 스코어카드를 전략에 포함시켜 전략의 실효성을 지원하는 기능을 수행토록 하는 것이 중요하다고 설명하고 있다.

또 저자인 카플란과 노턴은 이를 위해서 잊어서는 안 될 5가지 원칙을 구체적인 사례와 함께 자세히 서술하고 있다.

저자가 말한 잊어서는 안되는 5가지 원칙이란,

①전략을 현장의 언어로 바꾸고 ②시너지효과를 내기 위해 조직 전체가 전략과 동일한 방향으로 행동하도록 하고 ③전략이 전사원의 일상 업무에 배어있도록 하며 ④그 전략을 지속적인 것으로 만들기 위해 효과측정과 미세조정을 통해 프로세스를 확립시키고 ⑤전략의 실효성을 담보하기 위해 경영진의 커미트먼트(몰입, 관여)와 리더십과 함께 변혁하는 것이다.

저자는 이 5가지 원칙을 충실히 이행함으로써 밸런스드 스코어카드가 단순한 업무계획의 한 도구가 아니라 전략적 매니지먼트 시스템으로서 전략의 실행을 비약적으로 지원하는 강력한 지침이 될 수 있다는 점을 입증했다.

 독서 메모

- 1980년대의 조사에 의하면 유효하게 책정된 전략의 10% 미만밖에 성공을 거두지 못했다고 한다.
- 매니지먼트 팀의 85%는 전략에 대해서 논의하는 데 1개월에 한 시간도 사용하지 않았다고 한다.
- 전사(全社) 차원의 스코어카드에는, 전사적인 테마와 본사의 역할이라는 2가지 전략 요소를 명확히 할 필요가 있다.
- '전사적인 테마'란 모든 전략적 단위에서 공유해야 하는 가치관, 신념, 이념 등을 말한다.
- '본사의 역할'이란, 복수의 전략적 단위의 동일한 고객에 대한 연계판매, 공통적 기술의 공유, 본사 비즈니스 프로세스의 제

공 등과 같은 전략적 단위 레벨의 시너지효과를 창조하기 위해 본사가 권한을 가지는 행동을 말한다.

● 종업원에게 전략을 의식시키기 위해 기업은
① 커뮤니케이션과 교육
② 개인의 목표나 팀의 목표 개발
③ 인센티브와 보수제도
와 같은 3가지의 서로 다른 프로세스에서 밸런스드 스코어카드를 활용할 필요가 있다.

● 개인 레벨의 밸런스드 스코어카드에는
① 회사 목표와 실적 측정 척도
② 회사 목표를 특정 조직의 목표로 삼기 위한 부분
③ 개인이나 팀 스스로의 목표와 그것을 달성하기 위한 단계
라는 3가지 레벨의 정보가 들어 있다.

● 전략 도입에 관한 대폭적인 권한위임이 필요하다 (열 명(시니어 이그제큐티브 팀)에서 만 명(회사의 전 직원)으로의 권한위임).

당초의 목적

'실적 측정 문제를 해결하는 것'

· 재무적인 실적평가 지표와 함께 고객의 관점, 사내 비즈니스 프로세스의 관점, 학습과 성장의 관점도 고려해서 문자 그대로 균형이 잡힌 지표(KPI：Key Performance Index)를 설정하는 것이 중요하다고 설명하고 있다.

현재의 목적

'전략의 실행을 촉구하는 것'

· 단순한 실적평가의 도구로서가 아니라 기업의 비전, 전략을 현장의 프로세스에 스며들게 하는 도구로시 중요히디. 그를 위해서는 전략을 현장의 언어로 바꾸는 '전략맵'이 중요하다는 점을 설명하고 있다.

●저자 약력

로버트 S. 카플란(Robert S. Kaplan)

하버드 비즈니스스쿨 교수. 전 카네기멜론대학 산업경영대학원 교수였으며, 1977년부터 1983년까지 동 대학 대학원원장을 역임.

데이비드 P. 노턴(David P. Norton)

밸런스드 스코어카드에 관한 연구와 보급 활동을 하고 있는 '밸런스드 스코어카드 코포레이티브'의 사장으로 재직.

「전략 밸런스드 스코어카드」 목차 체계도

전략사고 조직체의 5가지 원칙

1장 전략실행을 위한 밸런스드 스코어카드의 도입
2장 모빌은 어떻게 전략사고의 조직체로 변모했을까? (사례 연구)

원칙1 (제1부)
전략을 현장의 언어로 바꾼다

원칙2 (제2부)
시너지를 창조하기 위해 조직체에 방향을 제시한다

원칙3 (제3부)
전략이 전 사원의 일상 업무에 배어 있도록 한다

원칙4 (제4부)
전략을 지속적인 프로세스로 만든다

원칙5 (제5부)
임원의 리더십에 의해 변혁을 촉진시킨다

전략을 기술하고 실행하기 위한 인과관계를 분명히 한다

3장 전략맵의 구축
4장 영리기업의 전략맵 구축
5장 비영리조직, 정부, 헬스케어의 전략 스코어카드

조직횡단적인 BSC를 활용한다

6장 비즈니스 유니트의 시너지 창조
7장 쉐어드 서비스를 통한 시너지 창조

성과를 보상제도와 연계시킨다

8장 전략의식의 고취
9장 개인 레벨과 팀 레벨의 목표를 정의한다
10장 밸런스드 스코어카드에 의거한 보상제도

전략의 미세조정을 포함한 피드백 프로세스를 확립한다

11장 계획 설정과 예산관리
12장 피드백과 학습

4가지 원칙을 실현하기 위한 리더십

13장 리더십과 활성화
14장 실패를 예방하기 위한 유의점

The 28 Business Bibles

지은이 | 글로벌 태스크포스(주)
옮긴이 | 김영환

펴낸이 | 우지형
기   획 | 김수광, 곽동언
마케팅 | 최무림, 양일영, 정재한
디자인 | 이수디자인
펴낸날 | 2005년 2월 7일(초판1쇄)
펴낸곳 | 나무한그루
등록번호 | 제 313-2004-000156호

주소 | 서울시 마포구 서교동 475-42 오월애빌딩 3층
전화 | (02)333-9028
팩스 | (02)333-9038
이메일 | namuhanguru@empal.com

ISBN 89-955450-3-8

값 | 13,000원

*잘못 만들어진 책은 구입하신 서점에서 교환해 드립니다.